Sin espacio para el cáncer

YOANNA BERRONDO

Sin espacio para el cáncer

ISBN: *6079790203*

Textos: Yoanna Berrondo.
Maquetación y corrección de estilo: Adriana Cataño.
Diseño de portada: Óscar González.

Este libro se terminó de imprimir en MBM Impresora
Mirador #77, Colonia Ampliación Tepepan. Delegación Xochimilco.
Ciudad de México. CP: 16020. MÉXICO.

Dedicado a...

Pablo, Iñaki, Mikel y Lorea Cuenca, la razón de mi lucha constante.

Agradecimientos

Este libro es un agradecimiento a Dios y a cada una de las personas que me acompañaron en la enfermedad y que me impulsaron a dejar por escrito esta historia que marcó un nuevo comienzo en mi vida. Estoy segura de que encontrarás párrafos que hablan directa o indirectamente de la manera en que formaste parte del grupo de personas que me apoyaron en mi batalla contra el cáncer.

Gracias por acompañarme antes, durante y después de mi turbulencia.

Índice

Introducción

Me tomó más tiempo de lo pensado escribir este libro, y como es la primera vez que me aventuro a escribir, soy totalmente novata en esta profesión; no soy escritora o nunca creí serlo hasta que fui animada por algunas personas a intentarlo. Tomé un curso para escribir y lanzar un libro, y el plan era terminarlo en cinco meses, el mismo tiempo que dura el curso; sin embargo, la presión del reloj no me dejaba disfrutar por completo mi nueva experiencia. Fue bueno dejar a un lado el factor tiempo y darle lo que necesitaba para estar segura del resultado final. En la época de escritura fui encontrando más información, puede agregar mayores experiencias y dejar en papel el esquema que he ido encontrando en mi búsqueda por equilibrio y salud. No dejo de asombrarme por todo el conocimiento que existe a nuestro alcance: teorías y estudios fascinantes que pueden ser herramientas para ser y vivir mejor. Este periodo me ha enseñado a no dejar la capacidad de asombro que se pierde en la adultez, a abrir mi mente para escuchar diferentes conocimientos y corrientes para encontrar mi caminito, único e irrepetible, pero abundante de experiencias ajenas y próximas a la mía. Estoy segura de que este deseo de ser esponja que absorbe todo lo que el cielo le permite descubrir continuará por el resto de mis días. Este libro ha sido una manera de estampar cada emoción, recuerdo y vivencia de esta época que ha marcado mi vida para bien. Lloré incontables veces al escribir y al revivir, por medio del recuerdo, para explicar cada pensamiento que cruzó por mi mente y que acompañó –con una combinación agridulce de emociones– cada evento que viví para luchar por mi salud. Me ha ayudado a ver de manera práctica cuáles han sido las herramientas que me han mantenido en este mundo con un cuerpo, mente, alma y espíritu sanos y más felices, porque trabajo con ellos y le doy importancia a todo lo que es parte de mí. Encontré un método que me funciona, que me ayuda a estar siempre en crecimiento en cada área y disfruto visualizar que de esta manera puedo ayudar a personas que viven lo mismo que yo he vivido.

En estas páginas pretendo plasmar mi viaje como paciente con cáncer. He compartido mi experiencia con otras personas que han vivido de cerca esta enfermedad y la parte que más he disfrutado es ver esperanza reflejada en sus miradas; les hablo sobre las herramientas que me han ayudado a dar pasos pequeños y con cada uno de ellos avanzar en mi lucha por aumentar los días vividos y, mejor aún, días más felices. Para mí esta historia que estoy por contar es un regalo que me dieron para compartir, porque al hacerlo se abren pequeñas puertas de luz que permiten ver un futuro no tan nublado ni tan corto; comparto esperanza, fe, confirmación, paz, o cualquier cosa que la persona que la escucha o lee pueda necesitar.

Durante el tratamiento, la escritura fue una terapia para entender mis pensamientos, sentimientos, temores, que me ayudó a encontrar la respuesta, no al por qué sino el para qué: ¿cuál es el propósito que esta enfermedad podía traer a mi vida? Así que iré integrando a este libro algunos textos que escribí durante el tiempo que pasé entre quimioterapias y radiaciones, con sus fechas y sin ediciones. En este recorrido permití que Dios fuera el guía para encontrar la salud de mi cuerpo, mente, alma, espíritu y de mi entorno, que son las personas sembradas en mi corazón desde el primer día de mi vida.

El cáncer para mí ha representado un punto de partida, un nuevo inicio que trajo la oportunidad de caminar la vida a un ritmo diferente, más despacio, más sencillo y sin la necesidad de tanta planeación. Constantemente escuchamos la frase "hay que vivir el presente", pero nadie nos enseña cómo hacerlo. La vida se encarga muchas veces de obligarnos a vivir el hoy, nublando de nuestra vista la posibilidad de cumplir las metas que habíamos planeado para el futuro distante.

Creo que la FE, LA ESPERANZA y el AMOR son las tres herramientas que nos mantienen caminando para encontrar nuestras respuestas. Ésta es mi manera de tocar muchos corazones, los que Dios me permita alcanzar para mostrarles la luz que me ha llevado a descubrir una nueva manera de vivir.

Una historia agridulce

Para contar esta historia necesito comenzar desde el principio y así explicar cómo mi mente fue conectando los puntos. Nada en la vida es coincidencia, así lo he entendido. Todo empezó el 2 de noviembre de 2002. Me casé perdidamente enamorada de Pablo. Nuestra boda fue un increíble desastre: la ceremonia transcurrió divinamente en la playa, súper emotiva, y en cuanto logramos recorrer el pasillo de salida para recibir el primer abrazo cayó un tormentón. Pocos fueron los invitados que lograron refugiarse en los baños un rato, y yo me resguardé hasta el último rincón del baño de mujeres, sentada en el escusado con cigarro en mano; mis mejores amigas a mi lado nerviosas me preguntaban qué más necesitaba y mi mamá corría de arriba abajo en el reducido espacio consiguiendo información del novio y del resto de los invitados que no encontraron techo, sino sólo alguna palmera para medio taparse; no había nada que hacer. Mi lógica o la poca que podía tener en ese momento me decía que en algún momento la lluvia tenía que parar. La boda se celebró en Acapulco en época de secas, así que no se planearon carpas y todo era al aire libre. Lo bueno era que nadie podía irse por el diluvio, así que no hubo otra opción más que abrir la barra, salir del baño y la boda se dio bajo la lluvia, igual que la cena, el baile de los novios, sin orden alguno, la lluvia iba y venía y no paró de llover hasta por ahí de las 4:30 de la madrugada, y el pachangón duró hasta las 6:00 de la mañana. Así empezó nuestra vida juntos. Después del festejo, cuando llegó la calma, nos despedimos de los invitados y nos preguntamos: ¿por qué una boda bajo la lluvia? No logramos encontrar la razón por la que Dios nos regalara una boda así, donde se rompió con todo el protocolo, y al mismo tiempo logramos mantenernos tranquilos con la capacidad de disfrutar y recibiendo el inmenso cariño de todas las personas que la compartieron con nosotros. Para mí fue una gran boda, especial y única, no cambiaría ningún detalle y la volvería a repetir con todo y los kilos extra que cargué toda la noche por el peso del vestido empapado.

Recién casados vivimos dos deliciosos años en Australia, una larga luna de miel. Es una de las épocas que me gustaría repetir una y otra vez y agradezco enormemente ese pedacito de mi vida. Decidimos, después de cuatro años de disfrutar la vida en pareja, que ya era hora de hacer nuestra familia más numerosa. El primero de nuestros angelitos es Iñaki; tiene una personalidad interesante, todo analiza, todo pregunta, le gusta el orden, se viste impecablemente y su manera de razonar me encanta, todo me cuestiona y muchas veces tiene razón. Su primer año fue muy fácil, pero después el oftalmólogo me dijo que tenía cicatriz macular en los dos ojos por toxoplasma congénito; en español: se le cicatrizaron las máculas de los ojos por un parásito que tuve en el embarazo y que no se podía hacer nada, ni lentes ni operación; dijo que mi niño no podría leer, escribir ni manejar. Consultamos a más médicos y el diagnóstico fue exactamente el mismo. Claro que para agregarle más acción al tema, resulta que yo, ya embarazada del segundo bebé, seguía con el parásito activo en mi cuerpo y el bebé corría con las mismas posibilidades (daño a ojos, oído o cerebro). Iñaki y yo estuvimos con medicamentos durante un largo periodo. Y de ahí mi niño se aventó una temporada extensa con toda clase de estudios, análisis, doctores, hospitalizaciones por CRUP, colonoscopía por sangrados, alergias a los alimentos que, además, lo tienen bajo tratamiento con un endocrinólogo, porque su crecimiento es lento y ha tenido dos operaciones de mano porque se le engatillaron los pulgares. Creo que todo ha sido consecuencia del toxoplasma. Pero fuera de la lista interminable de visitas al hospital, mi niño es feliz, tiene una fortaleza envidiable, cero miedo a los médicos y los ojos no le han hecho ni cosquillas: ya escribe, lee y desde los dos años maneja cochecitos eléctricos como todo un profesional; no sabe si va a ser piloto de coches o de avión. Aunque se inclina más por avión porque en las carreras de Fórmula 1 hay más posibilidad de accidentes. Nos ha enseñado que en la vida nada lo detiene.

Mikel nació perfecto, tiene seis años, es hermoso. Es uno de esos niños que se antoja abrazar todo el día, tierno, sensible, muy independiente y noble. A veces me gustaría meterme en su cabecita para saber qué está pensando o cómo se está sintiendo, es reservado y en muchas cosas me recuerda a mí cuando era niña. Le choca ser el centro de atención y no le gusta marchar al son de nadie; es intrépido, hábil, tranquilo pero bromista, y muy de vez en cuando le entran sus *rush* de azúcar imparables. Durante el embarazo estuve medicada y gracias a Dios el parásito no le afectó, pero a los quince días de su nacimiento tuve hemorragias fuertísimas que me llevaron al hospital dos veces; resulta que mi útero no regresaba a su tamaño y los vasos sanguíneos se quedaban dilatados. Después de medicarme y hacerme un legrado para sacar coágulos, que por cierto por poco y me quitan la matriz para no desangrarme, volvimos a la tranquilidad.

Mikel es muy sano, pero con él viví el susto más grande de mi vida y eso que he tenido varios. Se ahogó en la alberca a los dos años, lo sacamos blanco, con los ojos saltones y la boca morada (sólo estábamos mi prima y yo), en nuestras narices, sentadas frente a la alberca, a un metro, con nuestra atención puesta en los niños (lo prometo), pero se cayó poco a poco del escalón dentro de la alberca y su cuerpecito se hundió atrás de los otros niños que lo taparon de nuestra vista. Nos dimos cuenta cuando flotó por un lado boca abajo. Mi prima lo sacó, me lo pasó y le tuve que hacer respiración de boca a boca dos veces porque no respondía, hasta que sacó toda el agua y lloró. Nunca he encontrado la forma de describir los sentimientos tan espantosos que viví en esos segundos; continuamente cuando veo su carita, no puedo evitar dar gracias a Dios por mantenerlo con vida.

Cuento todos estos eventos porque fueron estas experiencias las que me enseñaron a enfrentar mi enfermedad de la manera en que lo hice. Muchas personas me brindan palabras de fortaleza que agradezco, pero para mí es muy claro que todo fue permitido por un plan perfecto; lo tomo como el entrenamiento ideal para llevarme adonde estoy. Desde la boda, todo lo fuimos viviendo poco a poquito para aprender a enfrentar la adversidad y saberla vivir de la mejor manera posible dentro de nuestras capacidades. Nunca fue de golpe, tal vez si hubiera vivido una vida color de rosa y de pronto, en un cambio brusco, apareciera el cáncer, el proceso seguramente hubiera sido mucho más difícil.

En diciembre de 2009 al abrir la puerta del coche, se me falseó el pie, logré detenerme para no caer pero sentí un estirón en la cabeza. Al incorporarme no reconocí el lugar, me subí al coche, pero se me había olvidado cómo manejar. Rápidamente me puse a repasar los pasos (acelerador, freno, volante), una vez que logré prender el coche y avanzar, me di cuenta de que no me acordaba cómo llegar a mi casa (soy como un mapita, bastante orientada). Una vez más, con mucho esfuerzo mental, logré ubicarme y trazar la ruta que debía seguir hasta mi casa. Fue un susto rápido pero lo dejé pasar, hasta que se repitió algo similar un mes después. Esa vez corrí al neurólogo que me dio varios posibles diagnósticos pero nada parecía grave, así que no le puse atención. Un lunes a principios de 2010 amanecí con un dolor fortísimo en el lado derecho de la cara; no soportaba la luz, el ruido, nada, sólo un doctor, por favor. Los resultados inmediatos fueron inflamación del nervio trigémino por herpes facial, *WHAT?*, dijeron que por nervios, pero no soy una persona nerviosa, yo diría que tengo algo de relajada, pero ésa es mi opinión. Bendito herpes, pues gracias a la tomografía que me realizaron esa misma semana apareció "algo" en la parte de atrás del lado izquierdo del cerebro que no tenía nada que ver con el dolor y la parálisis facial que me hacía hablar y verme algo chistosa.

La lista de doctores y procedimientos que analizamos fue interminable hasta que todas las piezas se acomodaron para llevarme al médico que me operó el 19 de marzo de 2010 a mis 31 años de edad. Fue exitosa la operación, la patología dio como resultado un tumor glioma astrocitoma grado II* que tendríamos que estar vigilando cada seis

---

* Tumor que se forma en las células gliales que protegen zonas críticas del cerebro, de crecimiento lento que pueden filtrar tejidos cercanos.

meses, pero que mi neurooncóloga decidió no tratar. Se lo agradezco en el alma porque me pude embarazar y nació Lorea, que ahora tiene tres años. Es mi niña adorada y la luz de toda la familia, simpática, parlanchina, mandona, cariñosa a más no poder. Nos trae locos de amor a los cuatro, y facilísima: en todo participa, ama estar en su casa pero en cuanto ve que estamos listos para salir, es la primera en la puerta, se fascina con la atención que recibe a todas horas.

Claro que como hemos vivido una vida emocionante, el día que me enteré que el tumor volvía a crecer fue el día que supe que estaba embarazada. Caos de emociones en el embarazo, ¿por qué no? Si es parte de las altas y bajas de esta vida. La emoción de completar la familia con la bendición de una niña estuvo mezclada con el miedo. Revisiones continuas durante el embarazo, preparándonos para evitar hemorragias postparto y con el conocimiento de que después de que naciera, sin duda, sería la segunda cirugía para retirar el tumor que volvía a crecer. La segunda operación fue más corta, mejor que la primera, y la recuperación inmediata y sin muchas secuelas, que en la primera sí tuve, pero con el tiempo poco a poco me he podido recuperar. Diagnóstico: el tumor cambió a astrocitoma anaplástico grado III.* En esta ocasión sí hubo tratamiento: 33 radiaciones, 42 días de quimioterapia en pastilla y 6 meses en México con quimioterapia una semana y tres de descanso.

Así fue: una larga tormenta que ahora es un recuerdo agridulce. La recorrí paso a pasito, con mucho esfuerzo y con una inmensa fe en que esto termina con grandes bendiciones. Ya puedo armar una gran parte del rompecabezas. El cielo nos preparó, todo ha sido un

---

* Células en forma de estrella que protegen neuronas, de rápido crecimiento que se filtran a tejidos cercanos, tienden a evolucionar a glioblastoma.

fuerte entrenamiento para enfrentar esta enfermedad. Las herramientas me las dio desde el día de mi boda, con Iñaki y con Mikel. Dios no se ha separado de nosotros y nos ha bendecido inmensamente. Eso significó mi tormenta en Acapulco. Se dice que la lluvia simboliza la abundancia y pues yo la he tenido en amor, paz, éxito, fe, luz, paciencia, alegría, satisfacciones… la lista es larga. Bendiciones, puras bendiciones, y todo esto me permitió descubrir mi mejor persona, que voy conociendo y sacándola de dentro, porque la vida me tejió con un diseño que consideró correcto para este tiempo y espacio, me pule constantemente para quitar toda máscara que yo haya inventado para tapar y no dejarme ver. El dolor ha sido la única herramienta que me ha permitido regresar a mi esencia y aceptarla tal y como fue creada, con sus fortalezas y debilidades. El cáncer es una enfermedad que me obligó a entrar en un momento de pausa y permitirme escuchar, siempre tenemos prisa por hablar cuando en el acto de escuchar se enriquece el alma. Escuchar a Dios, a la naturaleza, la música, los mensajes, a las personas que te rodean y a ti mismo. Es el aprendizaje de esta experiencia el que me ha bendecido, y no ha parado. Siento que cada día es una oportunidad para que el cielo le saque brillo a mi persona. Y cada día de vida es una oportunidad de ser una mejor persona para un mejor propósito del cual no soy dueña.

Pienso que cuando vivimos el dolor en cualesquiera de sus formas podemos ver la vida con nuevos ojos, valoramos nuevas cosas y le damos importancia a los detalles, a lo sencillo, observamos y ponemos atención de otra manera y ya no podemos regresar al modo en que caminábamos antes. Los que sí nos dejamos guiar por esta nueva vida, nos damos la oportunidad de poder ser luz. Por esto doy a conocer mi historia, porque confío en que me la regalaron para compartir y para iluminar corazones doloridos, con la esperanza de que encuentren la misma paz y sentido que encontré yo.

Los primeros terribles pasos

He aquí que yo les traeré sanidad y medicina; y los curaré, y les revelaré abundancia de paz y de verdad.

Jeremías 33:6

18 de marzo de 2010

Gracias, Señor, por esta oportunidad de hacer de mí una mejor persona. Gracias por mostrarme que me has rodeado de gente hermosa. Gracias por esta paz y esta fuerza. A tu lado cualquier camino se puede caminar.

Estuve encerrada con las cortinas corridas porque no aguantaba ni un poquito de luz por el dolor de cabeza que me provocaba el herpes facial; además estaba dopada por tantos medicamentos para reducir el dolor. El viernes en la mañana recibí una llamada del neurólogo para citarme, la resonancia que me mandaron hacer mostraba una mancha en la parte izquierda atrás de mi cabeza; me comentó que no podía asegurar qué era pero quería platicar sobre un procedimiento que nos ayudaría a descubrir la raíz. Me citó a las 7:00 p.m., hizo hincapié en que era importante que fuera con mi esposo. Claro que llegamos nerviosos pero no teníamos idea de la dimensión del problema; nos recibió el neurólogo, acompañado de un neurorradiólogo, nos pusieron una computadora enfrente para que pudiéramos ver una presentación en PowerPoint del procedimiento que proponían. En silencio observamos las imágenes del estudio que, lo resumo así: mientras estás despierta (esto fue lo que me aterró) abren un pequeño agujero en la cabeza para sacar una muestra de la parte del cerebro "dañado" y descubrir qué es; una vez con el resultado se decide qué procedimiento seguir. Salimos sin hablar, pasmados, con pensamientos disparados en todas direcciones, no recuerdo sentir miedo sino confusión total, como si mi cabeza no pudiera pensar ni acomodar las piezas, sólo veía la imagen del hoyo en la cabeza, despierta y totalmente consciente. Las primeras palabras que Pablo pudo decir una vez que estábamos de regreso a la casa fueron: "Háblale a tu papá". Marqué, le conté y en un segundo se puso furioso: "Nadie te va a abrir la cabeza para hacer un estudio"; bastaron esas palabras para que Pablo y yo empezáramos a poner los pensamientos en orden y razonar, fue como una cachetada para despertarnos del shock.

Nos tomó un mes de visitas a todos los neurocirujanos que nos recomendaron, la mayoría diagnosticaba un tumor, algunos le ponían número (nivel 2 o 3), pero los procedimientos variaban, ésa era la parte que me tenía inquieta, cada médico describía los pasos a tomar haciéndonos saber que su camino era el que debíamos empezar; al mismo tiempo decidimos buscar opciones fuera de México. En cada consulta preguntábamos: "Si fuera tu hija, ¿dónde o con qué médico la llevarías?", la mayoría coincidía con una clínica especialista en neurología en Phoenix, así que aunque yo no estaba muy convencida de hacer el procedimiento en otra parte por mis dos hijos, mandamos los estudios para no cerrarnos a otras opciones. Recuerdo ese mes como una de los momentos más difíciles, la incertidumbre me hacía sentir sin control. No soy una persona controladora, pero fue la primera vez en mi vida que me enfrentaba a un futuro incierto y oscuro. No era lo incierto lo que me perturbaba, más bien lo oscuro: pensar en una operación de cerebro me aterraba, me sentía tan ignorante en este tema, sabía que sería algo difícil, pero no era capaz de comprender la dimensión de lo que me esperaba.

Fuimos siguiendo por internet el trayecto del paquete que enviamos con los estudios, hasta que llegó a la clínica. Aún no había decidido qué hacer, pero recuerdo sentirme agradecida porque tanto mi esposo como mis papás me permitieron tomar cada decisión y apoyar cualquier paso que determinara tomar, aunque siempre estaban tras de mí haciendo sugerencias, sin presionarme. Esto me dio cierta dirección y a la vez me permitía sentir que cualquiera que fuera la resolución que tomara, sería la correcta para mí.

Fue increíble la manera en que Dios me mostró el caminito a seguir tan claramente, una increíble "coincidencia", así lo pedía cada día y cada vez que me invadía la duda. Fue un viernes en la noche cuando me marcó mi papá para contarme que en una fiesta de un amigo se encontró con una amiga de mi suegra, ella le comentó que sabía que yo estaba interesada en una opinión del Barrow Neurological Institute y justo en esa reunión se encontraba uno de los médicos; sonaba feliz, no lo podía creer, le pidió al médico que en cuanto regresara a Phoenix, revisara mis estudios. Al lunes siguiente se comunicaron de la clínica para programar una *conference call* con el doctor Spetztler, la cabeza de Barrow. Después de una corta plática donde sugería operar y retirar el tumor porque se encontraba en una zona operable para mandarlo a patología y después decidir el siguiente paso. Recuerdo preguntar si era necesario raparme. Me respondió con una pregunta: ¿Qué tanta lástima quieres dar? Su contestación fue fuerte porque ya me había cuestionado algo inevitable: ¿cómo me vería sin pelo? Imagino que es un cuestionamiento común en las personas que pasamos por estos procedimientos, la imagen ante esta pregunta no suele ser placentera; sin pensarlo, respondí: NADA. Me dijo entonces que sería lo mínimo posible. Sus palabras me calmaron. Aunque todo fue rápido, me sentí tranquila y con la certeza que él sería el médico indicado para la operación. Una vez que llegué a esa decisión, ya teniendo la fecha de la operación fui sintiéndome más tranquila y con la sensación otra vez de estar en la dirección correcta. Fue un primer descanso.

Nos fuimos a Phoenix los más que pudimos: Pablo, mis papás, mis hermanos, mi suegra y mi cuñado, dejando a mis niños en México. La operación estaba programada el 19 de marzo de 2010 a las 9:00 a.m., me citaron dos horas antes. Tengo en mi mente la extraña imagen de ir caminando al hospital en plena paz, sonriendo y hasta medio brincando. Es la escena que recuerdo, con mi familión a un lado y con una tranquilidad que sobrepasa todo mi entendimiento; percibía algo que me mantenía en ese estado, no yo, sino algo fuera de mí. Sin duda, en plena conciencia hubiera seguido con la imagen aterradora de mi cabeza abierta y el miedo me hubiera invadido. Pero Dios me regaló unos versículos la noche anterior que encajaban perfecto, además de una noche de descanso y sueño profundo.

Escucha al Señor quien te creó. Oh, Israel, el que te formó dice: 'No tengas miedo porque he pagado tu rescate; te he llamado por tu nombre; eres mío. Cuando pases por aguas profundas, yo estaré contigo. Cuando pases por ríos de dificultad, no te ahogarás. Cuando pases por el fuego de la opresión, no te quemarás; las llamas no te consumirán. Pues yo soy el Señor, tu Dios, el Santo de Israel, tu Salvador.

Isaías 43: 1-3

Tenía la idea que en Estados Unidos los hospitales eran fríos y estrictos, pero para mi sorpresa fue todo lo contrario. Estaba en una camilla en el preoperatorio donde los pacientes están divididos por cortinitas, no están acostumbrados a las familias grandes como nosotros, por eso los espacios son reducidos. Llegó el anestesiólogo, se dio cuenta de que estaban pasando uno por uno para darme un beso, me preguntó si quería ver a todos al mismo tiempo, claro que no lo dude. Mi cama la rodeaban Pablo, mis papás, mis hermanos, mi suegra y mi cuñado. Hicieron una oración y recuerdo en ese momento agradecer por mi vida, por la maravillosa vida que había vivido con tantas bendiciones y hermosos recuerdos, dije en silencio: "Señor, si éste es mi último momento de vida, *wow*, gracias, qué buena manera de irme". Pablo me leyó una carta y me entregó una foto de mi familia. Lo último que recuerdo es haberles pedido a los médicos que lo primero que me mostraran al despertar fuera esa fotografía.

Mis deseos fueron concedidos, me despertaron con la hermosa imagen de las personitas más preciadas en mi vida. Me llamó la atención la claridad de mis pensamientos, me habían informado que me despertarían tres minutos después de cerrarme. No pasó mucho tiempo cuando ya habían permitido que me vieran, esta vez sí de uno en uno, en la sala de recuperación. Esa noche la pasé en terapia intensiva con mi mamá y una pizza que pidió del hambre y yo sin nada de sueño por las ocho horas que dormí mientras duró la operación. Creo que no paraba de hablar.

Salí del hospital tres días después, así nada más (el mismo tiempo que duraba en el hospital después de los partos). No puedo decir que estaba al cien, evidentemente había algunas consecuencias de la operación pero fue más sencillo de lo que esperaba. De entrada no sentía dolor (el cerebro no duele), estaba la sensación de la cicatriz y de estar permanentemente en un barco. Mis pensamientos eran más lentos y mi cuerpo no respondía como lo hacía naturalmente, olvidaba subir la pierna derecha al coche y me cerraba la puerta o me daba cuenta de que sólo traía un zapato puesto aunque mi cerebro no lo percibía, más bien lo daba por hecho.

Un mal recuerdo que marcó un cambio en mí fue después de salir del hospital: el tiempo en el coche no la pasé tan bien, me empecé a sentir un poco mal, llegamos al hotel donde me quedaría el tiempo que se necesitara para la recuperación, me acomodaron en la cama, Pablo se fue a comprar las medicinas que me habían recetado, mi papá se fue a registrar a su hotel mientras yo esperaba a que llegaran los demás. No sé cuánto tiempo tardaron, pero se sintió como una eternidad. Me di cuenta de que mi cuerpo no hacía lo que mi cerebro le pedía, quería marcarles para que se apuraran porque cada vez me sentía peor, pero no lograba hacer que mis dedos marcaran; por más que respiraba profundo para tranquilizarme, me ganó el miedo, reconocí lo vulnerable que era, las cosas no sólo les pasan a los demás, sino me pasan a mí también. Entré en una angustia terrible y sólo escuchaba las voces de mi familia, afuera de la habitación, desesperados porque no encontraban el cuarto donde yo estaba, hasta que por fin me hallaron, pero para ese entonces yo ya estaba llorando por mi incapacidad de hacer las cosas sola, odié la idea de no poder controlar los sentimientos y miedos. Desde ese día me ha tomado mucho tiempo poder estar sola, prefiero estar siempre acompañada, no me gustó nada sentir angustia y la sensación de que, si algo me pasaba, yo no pudiera hacer nada, ni siquiera pedir ayuda. Toda mi vida he sido una persona independiente, yo diría que autosuficiente, el término que uso ahora es emocionalmente independiente; me gustaba mi tiempo sola y definitivamente mi espacio para analizar, razonar y encontrar la solución que más me convencía o acomodaba. Mis procesos mentales y emocionales los solía hacer sola, si comentaba algo emocional era después de haberlo procesado y con una decisión tomada. Esa parte de mí se ha tenido que moldear, pero está bien, me gusta, no sabía lo que era compartir mis pensamientos, escuchar puntos de vista diferentes al mío y dar pasos con una visión más amplia y no limitada a la mía.

Regresando al ritmo anterior

La operación, a mi gusto, fue perfecta con una recuperación extraña pero buena (uno no se da cuenta de todo lo que maneja el cerebro hasta que está medio averiado). Regresé a México a la semana de mi operación. Fue increíble descubrir lo fuerte que era mi cuerpo; con esfuerzo me fui recuperando físicamente, la edad de mis hijos no me permitía mucho descanso; para ellos no había pasado nada, sus papás hicieron un viaje de una semana, sus necesidades y mis responsabilidades como mamá tenían que ser cubiertas y yo estaba en buenas condiciones para cubrirlas. Una gran parte de mí agradecía ser forzada a regresar a las actividades y el nunca parar que requieren los chamaquitos a esas edades. Aunque a veces deseaba dormir y descansar, me mantenía enfocada en sus necesidades y olvidaba la tormenta que pasó tan fugaz. Había una pequeña sensación de ser invencible, pues cómo no, después de una operación de cerebro, estar de pie y viviendo como si nada hubiera sucedido. No sólo había descubierto la fortaleza física, sino la mental, según yo. Intelectualmente la recuperación fue más lenta pero aprendí a utilizar otras herramientas para compensar la falta de memoria a corto plazo, pues me volví más olvidadiza. Eran comunes las lagunas mentales y muchas veces pedía que me recordaran la historia porque la tenía borrada. Pero para complicármela más y demostrarme que todo se puede, al poco tiempo empecé un negocio con mi hermana y una amiga, trabajaba desde mi casa y aprovechaba cuando mis hijos se dormían para administrar el negocio, metí a Mikel al kínder donde iba Iñaki y eso me daba el tiempo perfecto para trabajar en las mañanas con mis dos socias. Emocionalmente, no puedo decir que te recuperas en algún momento, por lo menos en mi caso lo pienso así. Desde entonces me siento en una montaña rusa, casi siempre cuestiono mis emociones, risas, molestias, alegrías, enojos, lágrimas de tristeza y felicidad, culpas, desconsuelo; definitivamente me siento diferente, pero poco a poco las bajas han disminuido y las altas son más constantes. En general sentí que había vuelto a la vida cotidiana mucho más rápido de lo que había creído y mi vida regresó al ritmo anterior.

Pasó un año y medio con tres resonancias magnéticas cada seis meses, que después las mandábamos por correo a Phoenix para que las revisaran los médicos y me dieran su opinión. Las imágenes siempre venían acompañadas con una interpretación de un médico en México, que mandaba traducir para enviarla a Estados Unidos. La interpretación de la tercera resonancia decía: "Actividad tumoral", recomendaba realizar más estudios. La leí en el coche de camino al cine con mis niños, hice una llamada rápida para pedir la traducción y arreglar el envío del estudio. Mi esposo estaba de viaje, así que no quería platicarlo con nadie o, por el momento, con alguien de mi familia. Tenía el presentimiento además de que estaba embarazada. Decidí hablarle a Gaby, una de mis amigas más queridas y cercanas, pensé que aunque le caería como bomba la noticia podría ayudarme a sacar las emociones de ese momento. Logré comunicarme con ella para verla, pero para mi mala suerte no estaba en México, así que le solté la noticia por teléfono y le agregué el presentimiento del embarazo. Una vez más recibí una bofetada y me ordenó (básicamente, no me dio opción) que le contara a alguien de mi familia en lo que regresaba Pablo: "No te puedes quedar con esto tú sola".

En ese momento necesitaba apoyo emocional, así que me comuniqué con mi mamá, que me pidió que les hablara a mis hermanos Ivette y Rodrigo, que estaban en México, y sin darme cuenta ya estábamos los cuatro en el laboratorio para la prueba de embarazo; esperamos unas horas y regresamos otra vez los mismos por el resultado. Me preguntaban si quería estar embarazada y la respuesta era "No sé"; por una parte, si estaba embarazada tendría que enfrentar el crecimiento del tumor junto con el embarazo y, por otra parte, si no estaba embarazada, sabía que no iba a querer embarazarme de nuevo y perdería la oportunidad de completar mi familia de cinco que anhelaba. "Siento que no hemos terminado nuestra familia", eso le dije a Pablo cuando me subieron de recuperación del parto de

Mikel. Fue lo primero que platiqué con él y él sentía lo mismo.

Ivette abrió el sobre y leyó en voz alta: "Sin embarazo". En ese momento me empezaron a rodar las lágrimas por el rostro, me abrazaron de uno en uno y le pedí a Ivette que tirara el papel al basurero, no lo quise ni ver. Nos regresamos al coche todos cabizbajos, comentamos que teníamos la esperanza de que el resultado sería positivo, yo estaba muy segura. "¿Sí querías estar embarazada?", preguntó Ivette. "Me acabo de dar cuenta de que sí", contesté. Le insistí que me dijera qué decía la hoja, le pregunté si el rango estaba en cero; me refería al rango de hormona gonadotropina coriónica humana (GCH), que es la hormona que se produce durante el embarazo y se puede medir en el estudio de sangre, según el rango determina las semanas de embarazo que tienes. La agarré por sorpresa porque no sabía de qué le hablaba. Su respuesta fue que decía algo de 33. Salté del coche, salí corriendo, saqué el resultado del basurero, lo leí y se lo enseñé a la señorita que nos lo había entregado y me confirmó que sí estaba embarazada. Entraron los demás detrás de mí y cuando escuchamos la confirmación de la señorita volvimos a llorar, pero de felicidad, bricamos y nos abrazamos emocionados. Lo recuerdo y me vuelvo a reír. Seguramente en el cielo se morían de risa de nosotros. La forma en que recibí la noticia de mi tercer embarazo fue como un chiste, con emociones contrastantes. De esta manera toda la perspectiva para mí cambió a positivo, estaba segura de que quería vivir este embarazo con nuestro tercer angelito, a pesar de lo que venía acompañándolo.

29 de agosto de 2011

Los resultados de mi MRI no fueron buenos y existe la posibilidad de que
esté embarazada. Señor, hoy le voy a platicar estas dos noticias a Pa-
blo. Te pido que le des paz y fuerzas para enfrentar esto que estamos
viviendo.

Pero tú, Señor, me rodeas como un escudo; eres mi orgullo, el que sostiene
mi vida. Con mi voz clamaré a ti, Señor, y tú me responderás desde tu lugar santo.

Salmos, 3:3-4

Le di las dos noticias a Pablo cuando regresó. Pidió la buena primero y se emocionó, creo que él también sabía que pronto llegaría el
tercer chamaco. Le cayó rápido el cubetazo de agua fría; no había
forma de soltar suavecita la mala noticia, pero no era algo que quisiera ni pudiera ocultarle. Creo que para entonces ya tenía callito y
lo pudo manejar muy bien o lo mejor que podía.

Fue un buen embarazo, pero los nervios esta vez sí me ganaban,
sabía que el parto sería bueno como los dos anteriores, sin embargo,
la parte de las hemorragias postparto me traían inquieta. Mi niña
nació grandota, hermosa y esta vez íbamos muy preparados para
evitar sangrados y sustos; todo salió muy bien, gracias a Dios. Tuve
cuatro meses para disfrutar a Lorea y dedicarle mis noches y mis
días. Mi atención estuvo puesta en mis niños y hasta de vacaciones nos pudimos ir con la condición de que pasando el verano me
comunicara a Phoenix para que me dieran instrucciones. Recuerdo
haber programado en mi mente la operación cuando la bebé pasara
por lo menos ocho meses, pero llamé y evidentemente programaron

la segunda operación lo antes posible, no querían correr riesgos.

Y volvemos a empezar

Después de la sacudida, el embarazo, el parto y los primeros meses de mi hermosa chamaca, me operaron por segunda vez el 13 de septiembre de 2012. Esta vez, aunque la cirugía y recuperación fueron asombrosas, aún más que la primera que para mí había sido impresionante, la habilidad de los médicos y los avances en tecnología me sorprendieron. El tumor resultó ser más agresivo y lo catalogaron en un nivel más alto. Volví a tener a casi toda mi familia en el preoperatorio, en el postoperatorio y hasta en terapia intensiva; bendito hospital porque permitieron que siempre estuviera acompañada y no de uno en uno, sino en bola, en todo momento, sin importar la hora ni el área dentro del edificio.

Por recomendaciones médicas terminé en terapias de radiación y quimios. Decidimos hacer el tratamiento en el mismo lugar, así que regresamos a los pocos días de la operación a casa para dejar a los niños acomodados, organizar agendas y hacer los preparativos necesarios para estar dos meses en Phoenix. Recuerdo la imagen de cuando salí de ver a mi neurooncóloga: estaba muy calmada, no lloré, aunque eso no quería decir que sabía que me esperaba una época dura; las quimioterapias no tienen muy buena reputación, y, sin embargo, mi mente había bloqueado un dato importante. En el avión de regreso, Pablo encontró un video que creía que me levantaría el ánimo: era una mujer más o menos de mi edad que había tenido un tumor astrocitoma anaplástico grado III, igual al mío, pero inoperable; contaba su historia de éxito con diez años de vida y cuando dijo tres palabritas: "cáncer de cerebro" empecé a llorar. Pablo no entendía por qué lloraba si el video me lo enseñó para darme esperanza; nunca nadie me había mencionado la palabra *cáncer*. Ya sé que suena irónico, creerías que con las palabras *tumor, grado III* y *quimioterapia* habría llegado a la conclusión inmediatamente, pero mi mente lo bloqueó y en parte se lo agradezco enormemente, porque fue mucho el tiempo que me tomó para caer en cuenta que yo era un paciente con cáncer; desde el resultado de la patología de la primera operación en 2010 era cáncer de cerebro (glioma astrocitoma grado II).

Y volvimos a empezar, desde cero, pero en esta ocasión lo haría mejor o por lo menos haría más preguntas y me enfrentaría a las horribles respuestas con tal de no repetir una tercera operación. Conocimos a un médico más dentro del mismo grupo de Barrow, y digo uno más porque para entonces tenía neurólogo, neurocirujano, neurooncólogo y neurorradiólogo, uno más se podía sumar al montón. Este médico, joven, treinta y altos, encabeza el departamento de investigación para tumores de cerebro, es un cerebrito andante; aceptó recibirnos para responder todas nuestras preguntas:

1. *¿Por qué volvió a crecer el tumor?*
Respondió que los tumores malignos de cerebro siempre regresan o vuelven a crecer y cada vez son más agresivos, las operaciones son para remover las células de cáncer visibles al ojo humano o a las resonancias, pero siempre pueden quedar células de cáncer o ramificaciones que no se ven hasta que se desarrollan. Las estadísticas médicas dicen que el tipo de tumor que retiraron la primera vez en

una mujer de mi edad tarda en volver a aparecer en año y medio a dos años. Y yo encajé perfecto en la estadística.

Fue cáncer de cerebro desde el principio, desde el grado II. Comentó que no es tan fácil catalogarlos como tumores benignos o malignos sino más bien por el grado y la agresividad. El cáncer de cerebro se clasifica y es diferente a otros que se originan en otras partes del cuerpo. Se mantiene en el cerebro y no hay metástasis a otros órganos. Manifestó que en su experiencia como médico nunca había visto a un paciente que el tumor no le regresara; con el tiempo, los tumores se vuelven más agresivos. El haber tenido un tumor grado II era bueno, pero eso no quería decir que no regresaría y que más adelante se tendrían que hacer otros tipos de terapias. En 90 por ciento de los casos, los tumores vuelven a crecer. Sin embargo, él es joven y a pesar de su experiencia no quería decir que no existieran los casos de éxito en cáncer de cerebro. Algunos de sus colegas de mayor edad sí han tenido casos de éxito; pocos, pero existen.

2. ¿Por qué no hicieron tratamientos después de la primera operación si el grado II se considera cáncer?
Nos dio un ejemplo: es como si tuvieras una pistola con seis balas, no quieres utilizar las balas antes de tiempo, sólo tienes seis oportunidades. Es igual con los tratamientos para tumores cerebrales: se tienen que administrar los tratamientos y como existen pocos tipos de quimioterapias, no todos se pueden repetir; algunos, como las radiaciones, sólo pueden utilizarse una vez porque si se radiara la misma zona dos veces los daños serían permanentes, además de que las células de cáncer que sobrevivieron a las radiaciones ya no tienen ningún efecto. La neurooncóloga decidió, apoyada por el

neurocirujano, que esperáramos a ver cómo respondía con la operación. Esta decisión –que he confirmado que no la aplica con todos sus pacientes– permitió que volviera a embarazarme; definitivamente se hubiera descartado la opción de un tercer bebé si hubiera pasado por quimioterapias. Con esta información me quedó claro que Lorea tenía que nacer y se movieron piezas para permitirlo.

3. ¿Puede aparecer un tumor en otra zona del cerebro?

Sí pueden crecer tumores de cerebro en otra zona, pero son muy pocos los casos; generalmente surgen en la misma zona. Las resonancias ayudan a detectar los tumores a tiempo y no sorprender a los médicos, antes de que el paciente lo perciba o le ocasione algún problema.

4. ¿Qué buscaban lograr con los tratamientos?

La forma más sencilla en que pudo explicarlo es que los tumores en cada paciente tienen su propio sabor, existen miles de sabores. Son cuatro los grados y los nombres varían; depende del momento de recurrencia, si el tumor cambió de nombre y si subió de grado, la edad del paciente; en fin, son muchas las variantes que se toman en cuenta para definir el tratamiento y el momento adecuado para administrarlo. Los nombres con que se catalogan los tumores no son tan importantes, el grado es de mayor importancia y la agresividad.

5. ¿Un tumor grado III, cuánto tiempo le toma para regresar?

Un tumor grado III es de agresividad intermedia; las estadísticas dicen que tardan en promedio de tres a cinco años en reaparecer. Ésa era la apuesta para mi caso, darme de tres a cinco años sin recurrencia.

6. ¿Qué esperar?

Terminar el tratamiento de radiaciones y quimioterapias. Cada paciente responde diferente, algunos lo toleran más que otros, pero una vez que se terminan las terapias, "continúa con tu vida y, si algo se presenta, nosotros nos encargaremos". Comentó que era importante que regresara a mis actividades y que esto no me detuviera, dijo que nada de lo que yo pudiera hacer cambiará lo que tiene que pasar. Me pareció muy difícil psicológicamente la idea de seguir con mi vida estando siempre a la espera de la siguiente regresión.

7. ¿Existen casos de éxito?
Él personalmente no ha tenido casos de éxito, pero eso no quiere decir que no existan; así como existen casos extraños negativos, también existen los buenos casos que se les clasifica como sobrevivientes a largo plazo (*long term survivors*); existe el debate entre los médicos que lo explican como pacientes que se curan, mientras que otros dicen que la respuesta puede ser que el crecimiento es tan lento que no afecta sus vidas.

Concluyó nuestra entrevista diciendo que definitivamente siempre hay la posibilidad de que yo sea un caso de éxito. En ese momento, Pablo le aseguró que estaba viendo a su primer caso de éxito. Afirmó que estos casos suelen suceder a personas sanas que además recibieron los tratamientos adecuados.

8. Mi última pregunta fue: *¿existe algo dentro de la investigación que explique la razón de tantos casos de cáncer?*

Los últimos descubrimientos han demostrado que el exceso en el consumo de azúcar puede ser uno de los grandes culpables.

Comenzando la batalla

La medicina tradicional cura, pero no previene; con operaciones y tratamientos quita el problema, sin embargo, no busca la raíz y sólo trata los síntomas con medicamentos. Durante el tratamiento empecé a preguntarme si existía alguna forma en que pudiera prevenir una recaída, salir de las estadísticas médicas y agregar muchos años de salud a mi vida sin recurrencia de tumor.

Mi punto de partida fue eliminar el azúcar. Después de recibir esa pequeña información del doctor, decidí tomar las riendas de mi salud: además de seguir las indicaciones de mis médicos con las terapias, buscaría alternativas para apoyar los esfuerzos que se estaban haciendo. Recuerdo cómo me aferré desde el principio a unas palabras que me dijo mi papá: "No hay que preocuparnos, hay que ocuparnos". Ya me había ocupado de los métodos tradicionales pero había más cosas en las que me necesitaba ocupar y descubrir. Para mí ya no era suficiente dejar las cosas en manos de los médicos, ya no podía regresar a mi vida anterior como me fue sugerido. Eso lo hice después de la primera operación, decisión que me llevó a donde estaba: una segunda operación con un tumor más agresivo.

Mi plan fue hacer cambios poco a poco, pequeñas metas que podía cumplir y mantener, seguramente las tendría que seguir de por vida ya que son pocos los pacientes con cáncer de cerebro que no mueren por esa causa, yo sería uno de esos casos, así que necesitaba cambiar mis hábitos. Para mí lo más obvio fue concentrarme en mi alimentación. Mi familia es adicta a los postres, es parte de nuestros genes, un postre después de la comida no aguanta mucho tiempo, es imposible pararte de la mesa cuando se ordena, porque lo más probable es que desaparezca en segundos y nadie es lo suficientemente decente (sólo en cuanto a postres) para guardarte un pedacito, y cuando digo toda mi familia incluyo primos, tíos, sobrinos, es muy simpática la escena. Una meta alcanzable sería cero postres. Los dejé de pedir, continué por no tomar nada con azúcar (sólo azúcar natural, que explicaré más adelante) hasta que el paladar se desacostumbró y dejó de sentir la necesidad de lo dulce. Los cambios debían seguir así que descubrí los *superfoods* (superalimentos): leí, investigué y los fui agregando al menú en desayunos, comidas, cenas y entre comidas. Sin darme cuenta fui aumentando la lista alimentos para cuidar mi salud y automáticamente eliminaba las opciones negativas que promueven el desarrollo del cáncer.

En 2013, durante la segunda etapa de tratamiento de quimioterapias, ya en México, me dediqué a estudiar un curso en línea de nutrición integral; duró un año. Empecé a descubrir esquemas de alimentación que me acomodaban y que iban de acuerdo con temas anticáncer, alcalinos, antiinflamatorios e inmunoestimulantes. Me impuse mis propias reglas y fui formando mi régimen de alimentación. Mi intención ha sido descubrir qué necesito para vivir una vida sana, informarme sobre nuevas técnicas y aplicarlas a mi vida de acuerdo con lo que mi cuerpo me va indicando sin caer en extremos, y adaptarlas también para mi familia además de compartirlas para ayudar a otros a prevenir y, por qué no, sanar por completo. A lo mejor suena soñador, pero siempre existe esa opción.

Con el tiempo empecé a fijarme en todas las áreas de mi vida:

buscaba mi pequeña meta y poco a poco avanzaba, ya fuera ejercicio, respiración, relaciones, trabajo, pensamientos, emociones, actitudes, tiempo con Dios, cualquier actividad que me llevara a la salud y me mantuviera enfocada en algo fácil y sencillo. Ocuparme de mí, de mis seres queridos y soltar las preocupaciones del día y en general de la vida, fue la manera más eficiente para mantenerme con una buena actitud y lo más lejana posible de la preocupación. Estoy convencida de que no sólo he encontrado un buen camino para prevenir y mantener el cáncer *dormant* (latente), como le dicen mis médicos, o mejor aún inexistente. También se me presentó el punto de partida para una nueva vida que deseo compartir, tuve que hacer un *reset* en la máquina que llamo mi cuerpo, donde también influyen el alma, el espíritu y quienes me rodean. Equilibrio, ésa es mi meta, encontrar la forma de equilibrar todas las áreas de mi vida para mantener sanos el cuerpo, la mente y el corazón.

Adaptándome a los cambios

12 de noviembre de 2012

26/33 radios 33/42 quimios. De nuevo lunes y el tiempo se me pasa volando, cada día más cerca de terminar la primera etapa de mi tratamiento y regresar a mi vida real, pero con otra filosofía de vida. En esta corta etapa he tenido que hacer muchos cambios en cuanto a rutina, nutrición, ejercicio, espiritual, físico, hábitos... en fin, muchos. Uno de los cambios a los que me ha llevado esta situación es en mi forma de vestir. Todo empezó por la idea de consentirme con un accesorio por cada radiación enfrentada; de ahí le tuve que sumar mascadas o sombreros a la pelona por la caída de pelo, y para motivarme y adaptarme a mi nuevo look tuve que ir modificando mi manera de vestir. Agréguenle que en esta ciudad el clima cambió en un lapso de 6 semanas de 38 grados a 10 el día de hoy, cosa que mi pequeño guardarropa que traje se limitaba a chanclitas y tirantitos. Fashion emergency para la Yoi. Poco a poco fui comprando y reinventando mi forma de vestir, tuve que crear un estilo más cool (por la rapada) y más sofisticado (por los sombreros y mascadas). Pues les platico que llevo una semana en que no dejo de recibir comentarios sobre mi estilo, mis zapatos, el sombrero, la bolsa, el collar, los aretes, el suéter, que si sexy, que si cute, hasta una señora me pidió que si podía tocar la mascada para ver cómo me la había amarrado a la cabeza. Tanto piropo he recibido, que terminó siendo tema de conversación entre Pablo y yo. Y como nos hemos vuelto muy fijados en el tema, más risa nos causa y pareciera que Dios está exagerando en palabras para hacerme sentir mejor, ja, ja, ja, gracias le doy. El caso es que en mi incansable necesidad de encontrarle sentido a las cosas, me di cuenta de que aunque me gustaba mi manera de vestir, y que para mí funcionaba bien, el transformar mi look para mantener el ánimo a flote, me dio la oportunidad de descubrir que siempre se puede un poco mejor: con un poquito de sal y pimienta resaltamos el sabor. Esta pequeña comparación me ayudó a aceptar que el reinventarme en tantos aspectos, modificar mi esquema de vida y plantearnos nuevas metas puede resultar una mejor opción; encontrar un buen condimento para cada aspecto de la vida te regala una mejor visión y misión.

Durante el tratamiento fui haciendo cambios y creando rutinas diarias para mantenerme ocupada. Me levantaba a caminar para hacer ejercicio, era lo único que mi cuerpo podía hacer en esa etapa por el cansancio que tenía conforme iba avanzando con los tratamientos. La caminata mañanera la aprovechaba para respirar, pero sobre todo era un espacio para sentir, pensar, liberar, llorar, reír, desahogar, admirar, agradecer, orar y encontrar esperanza. Empecé a escribir en Facebook y compartí pequeñas historias del momento que estaba viviendo; era como terapia y sin querer se volvió mi sistema de apoyo. Al escribir me dejaba llevar, no pensaba en el formato sino dejaba que las emociones e ideas fluyeran y se plasmaran con la pluma. Al terminar lo volvía a leer varias veces y fue increíble conocer mi manera de procesar los sentimientos y los eventos que iban sucediendo. Escribir lo que hay en mi mente y corazón y leerme ha sido una herramienta muy práctica para desahogar, entenderme y dejar las complicaciones a un lado. Al ponerlo en papel me ayudaba a sanar el dolor; muchas veces y casi siempre era inevitable que las lágrimas escurrieran, pero era rico soltar todo lo que pasaba por mi cabeza y mi corazón e increíblemente se sentía como que todo se iba acomodando por dentro y agarraba orden.

Cocinar fue una actividad que me mantenía ocupada: preparaba mis desayunos y comidas, me llevaba *snacks* para no tener hambre que podría hacerme sentir náuseas, igual que a las embarazadas, y me fui ocupando en la elaboración de mis comidas que, creo, ha sido una herramienta importante para mi salud. Cocinar era una actividad que me sacaba de las rutinas, utilizaba recetas de mis libros de cocina y cambiaba los ingredientes que no podía por opciones naturales sin alimentos procesados y bajos en azúcar; poco a poco me volví más creativa y los menús cambiaron en mi casa, la alacena sufrió pérdidas, fui notando que no necesitaba tanto espacio porque dejé de comprar latas y alimentos procesados; en cambio, el refrigerador se mantiene lleno con tanta verdura y futa. Mi alimentación viene más de la tierra, lo natural, lo que Dios creó y clasificó como bueno. Ésta sería la forma más sencilla de describir mi manera de comer.

Tuve que cambiar mi manera de vestir para no extrañar el pelo cuando se cayó por las radiaciones. Recuerdo la tristeza que sentía cuando me cepillaba y el cepillo se llenaba de bonches de pelo. Era lo que más me recordaba que existía una enfermedad dentro de mí que no veía, pero que estaba matando mi cuerpo. Primero me lo corté un poco, sin embargo a los pocos días decidí raparme para no seguir sintiendo tristeza y para acelerar el proceso inevitable de la caída total del pelo. No estuvo tan mal, en cierta forma se presentó un nuevo plan a seguir, desvié mi atención en adaptarme a mi nuevo look; pelona me veía como Rodrigo, mi hermano, y a veces con algunas cosas me sentía como *tomboy*, así que tuve que poner más atención en recurrir a los accesorios para sentirme más femenina. Otra vez tuve que encontrar creatividad para utilizar lo que tenía y agregar detalles al *outfit*. Para mí era importante en ese momento que me sintiera cómoda con la imagen que veía en el espejo porque me ayudaba a sentirme bien, y si me sentía bien con mi aspecto físico se volvía una buena herramienta para empezar el día con ánimo, que en ese momento lo necesitaba. Cuando escribí sobre este cambio, una prima me pidió que mandara fotos de mi nuevo look, claro que estaba bromeando, pero las agarramos como chiste; evidentemente no las iba a exponer, pero mi suegra me tomaba fotos con los diferentes looks para mandárselas por mail a mi prima. Era una tontería, pero me hacía reír mucho todo el esfuerzo que hacíamos para realizar las fotos, desde pensar en la vestimenta, escoger el lugar, editar la foto y mandarlas para que se burlara de mí; eran tonterías, pero me concentré en las pequeñas cositas que me hacen reír y estar contenta lo más que se podía.

Me adapté a mi nueva mecánica, no cambié mucho físicamente, pero la operación y tratamientos afectaron la forma en que operaba mi cuerpo. Al ser el cerebro el afectado, la memoria a corto plazo era muy mala, me costaba trabajo concentrarme y recordar, era muy fácil olvidar detalles importantes, me causaba frustración y enojo; empecé a depender de la memoria de Pablo hasta que acepté la nueva condición y fui encontrando métodos mnemotécnicos: alarmas, notas, recordatorios, apoyo de personas específicas y según la parte de mi vida que necesitaba ayuda: ya fuera sobre mis hijos, pendientes de la casa, escuelas, responsabilidades en general y hasta favores que me pedían, para no depender sólo de mi esposo. Orientación fue una parte que perdí por un tiempo; me gustaba tener el don de la orientación y cuando me di cuenta de que ya no lo tenía, me aferré a recuperarla; recuerdo estar en un hotel y cada vez que me subía al elevador para bajar al lobby, antes de que se abriera la puerta para bajar decía si la salida estaba a la izquierda o derecha y la mayoría de las veces estaba equivocada, y no solté el ejercicio hasta que empecé a mejorar. Desde entonces me puse la meta de recuperar la orientación, algo me decía que era temporal y que la recuperaría, y así fue. Lo mismo pasó con la coordinación del lado derecho del cuerpo: siempre me gustó bailar y las clases de ejercicio que requieren coordinación y memoria, dos cosas que la inflamación de cerebro afecta y no podría saber qué tanto sería el daño permanente hasta que transcurriera el tiempo suficiente. ¿Cuánto? Es difícil saber, es diferente para cada persona. Para fortalecer el cuerpo y mejorar en coordinación empecé a hacer actividades, primero para tonificar (pilates), luego para condición (caminar), después para coordinar (combat), y así fui subiendo el nivel de actividad física, siempre consciente de la capacidad de mi cuerpo y poco a poco iba esforzándome. Ahora puedo decir que todo ha mejorado, únicamente quedan pequeñas cosas que sólo yo me doy cuenta, las personas a mi alrededor ya no las perciben. Mi orientación la recuperé casi al cien, la memoria mejoró muchísimo y creo que sigue progresando, la coordinación aumentó mucho y sólo la falta de ella la noto cuando bajo las escaleras; creo que el problema es una combinación de coordinación y ubicación del espacio, bajo despacio y apoyándome de la pared o barandal; bajar en tacones es bastante más complicado pero sólo porque me toma más tiempo. En general, la adaptación ha sido la parte más larga y ha requerido mayor paciencia, pero eso no quiere decir que fue mala. La veo como algo que me ha enseñado que no podemos depender de nuestras cualidades ni fortalezas, porque no van a estar siempre, pero tampoco deben ser indispensables para mí, siempre existe una solución o una nueva manera de hacer las cosas que te gustan y puedes descubrir nuevas capacidades. En mi caso, ahora he encontrado que necesito ser una persona de solución no de crítica, buscar maneras creativas para encontrar las respuestas y no dejarme llevar por la autocompasión o la autocrítica, ninguna de ellas me enseña nada y el aprendizaje es lo más interesante de la vida.

Encontrar mi propósito de vida o el éxito

Te haré entender y te enseñaré el camino en que debes andar; sobre ti fijaré mis ojos.

Salmos 32:8

12 de diciembre de 2012

En estos días no dejo de recibir recordatorios para seguir escribiendo y aunque no quisiera justificar mi poca presencia, sí quisiera explicar el momento en el que me encuentro. Éste es un principio en mi vida: por un lado, me enfrento a un tiempo no tan largo ni tan corto de batalla contra este reto que requiere cuidados y cambio en mis hábitos para estar bien por mí y para los que quiero. Siento responsabilidad por darle un propósito a mi experiencia y compartirla para regalarle herramientas básicas a quien pudiera encontrarse en este mismo camino y sobre todo para evitarle obstáculos a más personas con la prevención. También es mi punto de partida de nuevos caminos, sueños y deseos que de la nada se presentaron. Sin imaginarlo ni pedirlo descubrí un don que aún no sé si sólo estaba escondido o fue plantado hace poco tiempo, pero que tengo ganas de aprovecharlo. Y en esto me encuentro, desgraciadamente acompañada de la incertidumbre que existe en todo inicio; se reduce a miedo de no saber qué rumbo tomar o cómo empezar. Paciencia, esfuerzo, confianza, palabras con las que me encuentro constantemente, de diferentes formas y en diferentes tiempos, pero continuamente. Al meditar en ellas encuentro que puedo aplicarlas en todas las áreas de mi vida, y aun así las olvido cuando las necesito. Empiezo por la paciencia, porque me dice que todo tiene su momento, ni antes ni después, debe ser en el momento exacto en que fue planeado, cuando las cosas, las personas y los instantes se acomodaron para que las piezas encajen. Esfuerzo porque necesito estar en movimiento y actuar, para tener un mejor sabor de boca y saber que con mi empeño puedo lograr lo que me propongo y cosechar las semillitas que se plantan en el corazón, mis deseos y sueños. Confianza, no por ser la última carece de importancia, al contrario, para mí es la más indispensable porque sé que con todo no puedo y si me aferro, me pierdo. Quisiera recordarme a diario la confianza y nunca olvidar que adondequiera que vaya, te encuentras conmigo.

En mi niñez, las metas que tenía eran simples y según la etapa en que me encontraba fui imitando y adaptando esquemas de lo que veía y aprendía; mis papás siempre guiaron mis pasos en la dirección que consideraron correcta, hasta que fui madurando y empecé la búsqueda de metas más complejas dictadas por el conjunto de lo que era mi esencia y lo que fui aprendiendo en el recorrido, muchas moldeadas por lo que me enseñaron y otras que nacen del corazón. Siempre me sentí en la búsqueda de algo, y me esforzaba para estar en crecimiento continuo. No recuerdo haber cuestionado la dirección que mi vida tomó y pasaba los días tratando de avanzar para tener un propósito o para justificar los dones y fortalezas con los que nací. Hasta que la vida me detuvo: en un instante me encontré con una pared que puso fin a mi rumbo descontrolado. Una vez que pasé del otro lado del muro pude visualizar otras posibilidades y, como niña, volví a empezar, regresé a las metas simples para tomar la decisión adecuada y recorrer el camino indicado para mí, con objetivos que me llevaran a realizar mi propósito de vida y, una vez cumplido, irme satisfecha de haber entendido el porqué fui sembrada en este tiempo y con la alegría de haber concluido con mi misión de vida.

En el pasado la palabra éxito resonaba en todo lo que hacía o emprendía. Vengo de una familia de negocios, la finalidad es hacer negocio para generar otro negocio y volver a invertir en otro negocio y así sin parar, ser productivos y exitosos en todo, generar empleo y oportunidades para las próximas generaciones. Ésa era la percepción que tenía: explotar mis capacidades y ser muy buena en el camino que decidiera tomar. Las opciones de carreras "ideales" me fueron limitadas; el único problema es que, aunque me gustaban los números, mi papá veía ingeniería, administración, actuaría; y mi pasión siempre estuvo en la música que no entraba en la etiqueta "carrera" dentro del concepto de lo aceptable de mi familia. Pasé una etapa larga en el estira y afloja con mi papá sobre mi carrera de elección, hasta que no me quedó más que dejar el canto a un lado y estudiar comunicaciones, que significó un punto medio, aceptable. Mientras terminaba la carrera, hice algunos intentos, traté de estudiar música al mismo tiempo, compuse canciones, grabé demos, me uní a un grupo (éramos tres) con el que estuvimos en pláticas con disqueras, escribimos y grabamos canciones, cambié de imagen, en fin, di pasitos para realizar mi sueño, lograr el éxito pero en lo que a mí me gustaba. El proceso era lento y yo llevaba tiempo en una relación con Pablo hasta que llegó el momento de decidir casarme o cantar; casarme no era la meta número uno en mi vida, sí lo haría pero antes tenía otras cosas que hacer. Ésas eran palabras comunes para mí. Toda perspectiva cambia una vez que estás enamorada y el éxito personal quedó en segundo nivel. Así que lo dejé ir, me despedí de mi voz, mis actividades en coros, obras de teatro musicales, estudios de grabación, escenarios, la idea de ser solista o pertenecer a un grupo que tanto disfrutaba, se redujo a un pasatiempo de la regadera y el coche.

La palabra éxito sí se mantuvo, imposible soltarla si la tenía tatuada desde el momento en que me integré a este mundo y que felizmente buscaba en todo lo que hacía. Consciente de que había decidido ser esposa y algún día madre, tenía que encontrar algo que pudiera hacer para desfogar lo que había aprendido en la vida, y debía llegar al éxito rotundo, yo sería la gran..., tendría el gran negocio de…, sería una gran algo. Siempre he sido soñadora y con metas altas. Antes del cáncer mi mente se enfocaba constantemente en la búsqueda de un motivo que explicara mi existencia, alguna capacidad que me definiera que podría llevarme por un camino. Proyectos, ideas, profesión, siempre buscando qué podía hacer para disfrutarlos y en paralelo disfrutar la vida con mi familia. Pero por razones externas, y seguramente los miedos influyeron en gran parte, no logré definir un camino de vida en lo profesional. Esto siempre era una piedrita en el zapato.

Pasé por organizar eventos que dejé porque pasaba muchos fines de semana de sol a sol; eso era un tema con hijos. Decidí crear una línea de maquillaje, lo logré junto con mi prima, empezamos las ventas al mismo tiempo que nacieron nuestros primeros hijos que nos acompañaban en la oficina; entre leches y pañales nos las ingeniábamos para ser empresarias y madres. Esta vez la salud de nuestros niños requería todo el tiempo posible (fue cuando descubrí el toxoplasma de Iñaki y ya estaba embarazada de Mikel) y el negocio también. La decisión era definitiva y no hubo duda de que no era el momento para ese negocio, así que también lo solté. Después de un tiempo, lo siguiente fue empezar un negocio, con mi hermana y una amiga, de muebles y accesorios para cuartos de niños (esto fue después de mi primera operación); era más sencillo que el anterior, no requería inversión, no había inventarios interminables y los clientes llegaban solitos por recomendación. Trabajábamos en las mañanas mientras los niños estaban en el kínder, las tardes se las dedicaba a ellos; ya que lograba dormirlos, me pegaba a la computadora para administrar el negocio. Me gustaba pero no me volvía loca, además de que los rezagos de la cirugía empezaron a resaltar: mi memoria corta estaba averiada, mi mente y los números ya no los dominaba tanto, el esfuerzo mental en el momento era intenso para lo que había sufrido mi cerebro. Empecé a sentirme agobiada y una vez que acepté mi condición y el momento de recuperación que estaba viviendo, también lo solté. Mi hermana estaba en una buena época para despegar y cumplir su sueño y pasión, y yo la estaba deteniendo, la dejé volar y lo ha hecho muy bien.

Después de la segunda operación y los tratamientos, una vez que terminé mi curso de nutrición integral, empecé a dar cursos de alimentación para prevenir enfermedades crónicas, en las que les comparto un poco de mi experiencia y doy conceptos básicos para regresar a una manera de comer natural. Además empecé a escribir en redes sociales sobre todos los cambios, aprendizajes e información que ayudara a cualquiera a dar pasos para mantenerse o encontrar la salud. En esta ocasión no busqué ningún gran resultado, título o negocio, sólo la satisfacción de compartir todo lo que en lo personal me ha ayudado a vivir mejor cada día de mi vida. Por primera vez, logré soltar por convencimiento propio la palabra éxito, que me estorbó tantas veces para disfrutar la vida, las pasiones y saborear los pequeños detalles que me regalan desde el cielo.

Hace más de un año, una persona me dijo que Dios me acercaría a seres especiales. Desde entonces recibo llamadas y mensajes de personas con historias de cáncer, ya sea parientes, amigos o pacientes con cáncer. En la mayoría de los casos tengo la fortuna de hablar y conocerlas y apoyarlas en lo que necesitan. Definitivamente esto es lo que más me gusta hacer: compartir mi historia y la información que he encontrado para darle batalla al cáncer, motivar a personas con situaciones similares a la mía a agarrar ánimo, encontrar esperanza, luchar por mejores días valorando los detalles importantes de la vida. Creo que aquí fue donde encontré la razón de mi existencia, un propósito que me apasiona y que me trae nuevos retos y caminos que no había imaginado como lo es este libro. Me hicieron con una mente inquieta, así que las ideas siguen volando; pero la meta principal para mí es gozar ahora todas las pequeñas aventuras que la vida me va presentando, entre ellas la necesidad de ayudar a otras personas.

Cuando empecé el tratamiento de quimioterapia, les recuerdo que llevaba poco tiempo de haber tenido a mi niña. Yo soy de esas mujeres que se vuelven inmensas en los embarazos y batallé enormemente para regresar lo más cerca posible a lo que era físicamente antes de tener hijos. Cuando me dijeron que tendría que hacer quimioterapias la única buena razón que mi mente logró encontrar fue que evidentemente bajaría de peso. Lo siento, soy mujer y pues es una batalla muy común en nosotras que sostenemos entre las lonjas y las dietas. No quisiera sonar superficial, pero la verdad es que sí era una idea que rondaba mi mente en esos momentos de crisis. Es increíble que aunque te encuentras en plena tormenta, la belleza externa te sigue importando. No pude evitar preguntarle a mi doctora si bajaría de peso y esperando la dulce respuesta que anhelaba, me respondió con un horrible: "no". La medicina ha avanzado tanto y el tipo de tratamiento que me dieron permite que los pacientes no pierdan peso y además te dan una pastillita para tomar media hora antes de las quimios para quitar la náusea y el vómito. Pero no me di por vencida, seguí preguntando a cada uno de los médicos que veía con la esperanza de escuchar mi linda respuesta que nunca llegó. Recuerdo esa noche quejarme con Dios y decirle que ni eso, ni siquiera esa pequeñita cosa que deseaba me la daba, abrí mi Biblia para leerla un poco y me topo con el siguiente versículo:

> Porque el ejercicio corporal para poco es provechoso, pero la piedad para mucho tiene provecho y trae promesa para la vida presente y la venidera.

Claro que después de leer esto me reí y sentí que desde el cielo Él se reía conmigo. Me resigné, acepté mis kilitos de más y como perrito intenté entender lo que me estaba diciendo: me enfocaría en la piedad y tendría que explicarme a qué se refería. Tiempo después en el insomnio recordé el versículo. La buena noticia es que para entonces, con todos los cambios que hice en mi camino a la salud, perdí todo el peso que quería y hasta un poquito más de lo planeado, me lo concedió mientras me enfocaba en cosas importantes para mí. En las altas horas de la madrugada me venía a la mente la palabra *misericordia* y decidí indagarla un poquito. En latín *misere* (necesidad) *cor* (corazón) *ia* (hacia los demás) significa tener un corazón solidario con aquellos que tienen necesidad. Mi conclusión hasta ahora es que algunas personas nacen con esta capacidad y otros la desarrollamos en algún momento. Yo la encontré cuando me vi con lágrimas por otras personas con cáncer. Una mañana, mientras entrenaba para una carrera por niños con cáncer, le pregunté a Jesús: si a mí me duele pensar en estos niños, ¿qué sientes tú? En ese instante se me cerró la garganta, no podía respirar bien y las lágrimas empezaron a salir sin control; me tuve que detener para poder respirar y limpiar las lágrimas. ¿Será tan fuerte su dolor? No lo sé, pero desde entonces me conecto muy fácil con esta emoción. Es compasión por personas que viven la misma experiencia de vulnerabilidad, una pequeña semillita que se plantó en mi corazón una vez que mi vida se empezó a acomodar.

Pues yo sé los planes que tengo para ustedes –dice el Señor–. Son planes para lo bueno y no para lo malo, para darles un futuro y una esperanza. En esos días, cuando oren, los escucharé. Si me buscan de todo corazón, podrán encontrarme. Jeremías 29:11-13

Entendiendo el cáncer

Identidad del enemigo

Para empezar una guerra necesitas conocer al enemigo, y lo primero es identificar su identidad: ¿qué es?; lo segundo importante es comprender su forma de operar: ¿cómo funciona?; lo tercero, ubicar dónde está su talón de Aquiles: ¿cuál es su punto débil? Por esta razón sentí importante entender bien qué es el cáncer, cómo se origina, qué recursos utiliza para crecer dentro de mi cuerpo, si existen teorías que crean en la posibilidad de erradicarlo por completo. Toda la información que he recopilado en estos años me ha servido para tomar decisiones en mis hábitos, y considero que es importante compartirla para facilitarle el camino a otras personas. Las células de cáncer difieren de los virus, bacterias y hongos que son agentes externos al cuerpo humano que al entrar en él crean diferentes afecciones y que podamos atacar con un medicamento. El cáncer es nuestra misma célula, pero con la información incorrecta; es una mutación de nuestro ADN. La medicina tradicional utiliza como métodos para atacarlo ya sea la cirugía para extraer el resultado del problema –un tumor– o un tratamiento (radiación o quimioterapia) para reducirlo o deshacerlo. Sin embargo, como lo mencioné, logra quitar el resultado del problema pero no consigue eliminar la raíz del problema, y como consecuencia, el tumor vuelve a crecer o aparece en otro lugar, lo que se conoce como metástasis; en otras palabras: ataca el síntoma pero no el origen de la enfermedad. El cáncer ha sido estudiado y tratado durante años y lo único que hemos podido ver es que las cifras de casos con cáncer aumentan exponencialmente con los años; ha llegado a ser tan drástico el crecimiento que empieza a ser la principal causa de muerte en varios países. La búsqueda y necesidad por encontrar sus orígenes han sido intensas, continuamente escuchamos métodos tradicionales y alternativos para combatirlo, y no existe ninguno que logre curar el 100 por ciento de sus casos. En general, se ha logrado entender que son muchos los factores que propician el cáncer y, por lo mismo, es necesario tomar en cuenta muchas variables para revertirlo. Hasta el momento hay una pequeña ventana de esperanza para descubrir la cura y, aunque es pequeña, la buena noticia es que existe; hay casos extremos que han sobrevivido al cáncer terminal, personas que han logrado rebasar por muchos días, incluso años, el tiempo de vida que les fue dictado por las estadísticas médicas. Es muy poca la información que se tiene sobre estos casos porque los médicos no hablan de ellos, ya que desconocen las razones por las cuales algunos pacientes sobreviven lo imposible; se consideran milagros y, como tales, prefieren no indagar sobre el tema, sólo los ven como una posibilidad muy remota, pero no lo suficientemente valiosa para comunicársela a otros pacientes con cáncer ni anotarla en sus registros. La doctora Kelly Turner se ha dedicado a estudiar esos casos extraordinarios que llama remisión radical, por tratarse de pacientes en fase terminal con cáncer inoperable o intratable. Dentro de su estudio, ha descubierto que las personas que logran sobrevivir al cáncer terminal van encontrando técnicas o métodos que los mantienen con vida y que con el tiempo han logrado entrar en remisión por varios años sin una regresión. Cada historia que cuenta en su libro sobre testimonios de sobrevivientes es distinta aunque encontró nueve cosas en común en ellos:[*]

1. Cambian radicalmente la dieta
2. Toman el control de su salud
3. Siguen su intuición
4. Usan hierbas y suplementos
5. Liberan emociones oprimidas
6. Incrementan emociones positivas
7. Buscan apoyo social
8. Profundizan en su conexión espiritual
9. Tienen fuertes razones para vivir

Lo primero que me pide la mayoría de las personas que me buscan para asesoría es ayudarlas a desarrollar una alimentación adecuada para enfrentar su situación. Sería muy fácil para mí entregar un programa de alimentación sencillo para que lo apliquen paso a paso, como si se tratara de un régimen dietético. Sin embargo, se trataría sólo de una de las muchas herramientas que se necesitan para combatir el cáncer. Si observamos las cosas en común que describe el libro que mencioné, únicamente dos están relacionadas con

---

[*] Kelly A. Turner PhD., *Radical Remission. Surviving Cancer Against All Odds*, Nueva York, HarperOne, 2015.

alimentación y el resto tiene más que ver con actividades personales y necesidades emocionales, mentales y espirituales. En mi experiencia personal, he descubierto que necesito trabajar de manera integral para mantenerme lejos de una regresión. Mi plan es continuar con los cambios, renovar mi vida y descubrir todas las herramientas posibles que me ayuden a entrar en remisión y declararme libre de cáncer por el resto de mis días. En los siguientes capítulos iré describiendo las áreas que fui trabajando y los pasos que me han ayudado a mejorar la calidad de vida.

Con el tiempo fui desarrollando un plan que ahora comparto con pacientes y familiares con cáncer para trabajar en cinco áreas de sus vidas: cuerpo, mente, corazón, espíritu y entorno. Para empezar a explicar por qué creo que trabajar estas áreas ayudan a enfrentar mejor la enfermedad con la posibilidad –por qué no– de incluso ganarle cada batalla hasta lograr la conquista y el triunfo final de recuperar la salud, me voy a apoyar en distintas teorías que me sonaron lógicas. En principio, tendría que explicar el término *epigenética*, que es la ciencia que estudia los factores no genéticos que permiten que se exprese o no la información del ADN; para explicarlo de una manera sencilla: las células contienen información genética que heredamos de nuestros padre y abuelos, sin embargo esta información genética puede expresarse, prenderse o apagarse de acuerdo o como consecuencia de diversos factores; antes se creía que las células contenían información genética que dictaba nuestra vida, ahora con la ciencia se ha encontrado que la información que se tenía era muy limitada, la epigenética muestra que tenemos posibilidades de encontrar qué factores negativos que generan una química negativa en nuestro cuerpo podemos eliminar de nuestras rutinas y que serán sustituidos por factores positivos que ayuden a combatir las células y tumores ya existentes sin que vuelvan a aparecer, es decir, buscar hábitos que generen una química positiva en nosotros.

Nuestro cuerpo está compuesto de trillones de células que se dividen para crear nuevas células y se forman o nutren de los alimentos que comemos cada día, según lo que el cuerpo vaya necesitando para regenerarse. Las células son atacadas continuamente, sin embargo el cuerpo tiene la increíble capacidad de reparar los daños. Las células de cáncer son aquellas dañadas que se dividen sin control hasta invadir los tejidos y forman una masa que conocemos como tumores. El cuerpo tiene la facultad de evitar el crecimiento continuo de células con ADN dañado; para que el cáncer prolifere debe pasar por varias barreras de defensa del cuerpo. La primera barrera es que cuando se genera una célula dañada, el cuerpo repara los daños; si la célula no es reparada las células sanas le comunican a la célula de cáncer que regrese a su estado original para funcionar correctamente. Existe una comunicación celular: si la célula dañada continúa replicándose y creciendo, el cuerpo le informa a la célula de cáncer que se suicide, lo que es conocido como apoptosis. En esta etapa, el tumor conformado por miles de células cancerígenas utiliza el mecanismo natural del cuerpo para sanar heridas creando vasos sanguíneos para alimentarse (angiogénesis); el cuerpo reacciona bloqueando el crecimiento de vasos sanguíneos (antiangiogénesis) como siguiente mecanismo de defensa; si el tumor continúa creciendo el cuerpo crea una barrera de colágeno y calcio alrededor del tumor para encapsularlo.* Los nutrientes son

---

* Patrick Quillin, PhD., *Beating Cancer with Nutrition*, Carlsbad, Nutrition Times, 2005.

esenciales para activar estos mecanismos naturales de defensa contra el cáncer, por lo que una alimentación adecuada es una herramienta importante para evitar el cáncer y combatirlo. Y no sólo los hábitos alimenticios, todo lo que hacemos puede fortalecer o afectar nuestras defensas.

El doctor Patrick Quillin afirma: "El paciente con cáncer prospera o decae, vive o muere de acuerdo con su habilidad para cambiar las condiciones que favorecen el crecimiento del cáncer", y menciona estas condiciones:

- Baja resistencia a huéspedes
- Nivel alto de azúcar en la sangre
- Sistema inmune debilitado
- PH alterado
- Carga tóxica
- Envejecimiento
- Desajuste hormonal
- Estrés
- Malnutrición
- Mala digestión
- Infección por levaduras

Escucha, investiga, cuestiona, decide

El cáncer es, desgraciadamente, una enfermedad que va aumentando y cada vez es más común. Es normal que dentro del ajetreo de los médicos, diagnósticos, adaptación y todo lo que involucra una enfermedad como ésta, damos pasos sin entenderla a profundidad ni las recomendaciones médicas. Para la medicina es más fácil basar todo en estadísticas, es una manera de tener respuestas más claras para poder establecer un tratamiento único para todos los pacientes y obtener los mayores resultados positivos posibles. Sin embargo, en la realidad, ningún caso de cáncer es igual y los factores que pueden influir son infinitos. Nuestra tarea es encontrar los métodos posibles que nos den las armas para esta guerra.

El cáncer se dispara por los malos hábitos que hemos adoptado con el tiempo y, por lo mismo, cada persona debe encontrar cuáles son y cómo sustituirlos por buenas opciones. Estoy convencida de que cada uno es diferente. En mi curso de nutrición integral constantemente me recordaban que "lo que es bueno para uno es veneno para otro"; todos respondemos de modo diferente a los estímulos y somos únicos en nuestra manera de vivir cada día. Lo importante es encontrar tu fórmula única para obtener un buen resultado.

El conocimiento es fuente de poder: cuanto más te conozcas, descubras las cosas que te afectan y las posibles circunstancias que pudieron promover el desarrollo descontrolado de las células de cáncer, además de saber cómo se mantienen vivas y se reproducen estas células dañadas, más focalizada será la información que necesitas para solucionar cada área de afección. Conocerme y conocer más a fondo mi padecimiento resultó ser indispensable para reconocer qué camino y decisiones tomar. Mis médicos tienen mucho conocimiento sobre la enfermedad, pero la información que no tienen es cómo soy, qué hábitos tengo, cómo es mi vida, y aunque tengan datos sobre los síntomas y los efectos tanto de mi tipo de cáncer como de los tratamientos que me administran, realmente no sienten lo que yo siento y no han vivido la situación en la que me encuentro. Mi tarea ha sido complementar el trabajo de los médicos para abarcar las áreas que ellos no viven a diario. La única persona que me conoce a fondo soy yo misma.

La intuición fue la herramienta en la que me apoyé para crear un esquema individual de salud. Después de investigar, informarme, probar y escuchar a mi cuerpo establecí mis leyes como guía para aplicar mi esquema de cambio de hábitos que, como lo he mencionado antes, nunca para de cambiar, siempre hay cosas nuevas que descubro y me mantiene motivada a luchar todos los días por mantenerme con salud.

Estableciendo mis leyes

Quiero mencionar algunas leyes que me han funcionado en mi experiencia de investigación para una vida con salud. Algunas las adopté de otros programas que me convencieron, otras las adecué a mi gusto y algunas aparecieron en el momento de experimentar.

Nada es ley

Muchas teorías o métodos pueden parecer que tienen la verdad absoluta, y está bien entender que quien los comparte y los defiende lo hace porque es algo que le ha funcionado personalmente o ha visto que les va bien a varias personas; pero eso no quiere decir que aplica para todos. Cuando se me presenta algo nuevo para investigar como una opción de arma de ataque, tomo lo que me gusta del tema y hago mi pequeña mezcla de ingredientes para la fórmula que siento que me va a llevar a la meta que busco. Así que nada es ley, pero en el conjunto de leyes puedo tomar las partes que me sirven para crear la ley que va conmigo. Soy la única persona en este mundo que puede conocerme a profundidad. Si me tomo el tiempo y me permito meditar en mis pensamientos y emociones, puedo analizar cada paso y hábito del día y claramente soy la única que puede tomar las decisiones en mi vida para motivar los cambios que se vuelven nuevos hábitos. En mí está la decisión de renovarme cada día de mi vida para ser una persona en constante crecimiento.

Informarme

Hay tanta información y es tan fácil acceder a ella que se puede volver confuso. Algo que me funcionó para evitar estresarme y agobiarme con la información en las redes fue sólo enfocarme en las cosas positivas que ofrecían una solución sin indagar en los casos complicados que podrían poner mis pensamientos en riesgo. En toda enfermedad existen los casos extremos, es bueno conocer las secuelas generales de la enfermedad y de los tratamientos; sin embargo, no necesité exceso de información. Con poner atención a los malestares para identificar posibles secuelas que se presentaban, entonces buscaba soluciones para reducirlas o borrarlas, si es que se podía, pero me resultaba útil reconocer cuándo se trataba de una reacción al cáncer o al tratamiento; para mí quería decir que era temporal y que desaparecería o se reduciría una vez que terminara el proceso. La magnífica noticia es que contamos con un recurso increíble que se llama intuición, generalmente es la primera respuesta que escuchas en la mente cuando tienes una pregunta o te encuentras en un momento de decisión. Esa vocecita interna sabe más de lo que le damos crédito y continuamente es atacada por la duda. Una manera fácil de reconocer la intuición es preguntándonos que es lo que nos da paz e increíblemente la duda empieza a desaparecer. Cuando reconozco lo que me da paz resulta más fácil decidir si es un método o camino que quiero investigar, probar y tomar como una posible solución para mí. En una enfermedad como ésta, recibimos recomendaciones de todos los seres queridos que nos rodean como una forma de demostrarnos su preocupación; todos quieren ofrecer una solución. La parte que generalmente no saben es que recibes tantas de estas recomendaciones casi a diario que la cantidad se vuelve abrumadora. Lo que más funciona para mí es dar las gracias antes que nada, y después generalmente consultar en internet a buscar de qué se trata y si me resuena me meto más a profundidad en el tema; si no es algo que me convence, me quedo tranquila de dejarlo a un lado; nunca sabes si más adelante pueda resultar algo que quieras aplicar.

Probar para ver si me sirve

Después de investigar, la mayoría de las veces me encontré con teorías que sonaban muy lógicas aunque fueran totalmente contrarias. En esa encrucijada ¿cuál camino tomas? Un ejemplo muy sencillo para describir esto fue una vez que no sabía si era bueno comer algo antes del ejercicio o no: encontré buenas razones que defendían el porqué sí y el porqué no, así que me puse a la tarea de probar durante una semana. Después de ensayar opciones: no comer, tomar jugo verde, una fruta y media fruta con algo de nueces, carbohidratos con algo de nuez, me di cuenta de que antes, durante y después del ejercicio fue mejor ingerir media fruta con nueces y desde entonces es lo que hago. Esto se adapta de acuerdo con el horario en que hago ejercicio, así que he tenido que probar y adaptarme a cada circunstancia.

Nuevas opciones se van presentando a lo largo del tiempo. Resulta muy enriquecedor y parte de un desarrollo integral descubrir opciones tan diversas que vas necesitando. Algo que he entendido es que todo empezó por combatir el cáncer durante el tiempo de tratamiento; después fui encontrando nuevas cosas para la época posterior a él y ahora que estoy en calma y adaptada a mi nueva vida, sigo recibiendo recomendaciones y teorías que complementan lo que he descubierto. Si la vida no ha terminado, quiere decir que tengo muchas cosas por encontrar.

Escuchar mi cuerpo

Una de las cosas buenas de estar en el tratamiento es que estás obligado a detener tu rutina y cambiar totalmente el ritmo de tus días. Al principio me pareció un poco desesperante sentirme inútil para hacer las tareas que realizaba antes del diagnóstico, pero conforme fui avanzando, lo tomé como una oportunidad, una pausa para dedicarle las horas a lo que en ese momento requería mi vida: salud física. En ese intervalo, el reloj se tornó diferente, corrió más despacio y con la principal obligación de dedicar el tiempo a mi cuerpo; así que cuando el tratamiento me tiraba, me afectaba o me causaba cansancio extremo, mi cuerpo le decía a mi mente que necesitaba descansar, o reír o llorar o escribir o comer o no y empecé a entender que el cuerpo tiene su propio lenguaje y yo necesitaba escucharlo. Es más fácil hacerlo cuando estás en esta situación, sin embargo trato de aplicar esta recomendación también en esta nueva etapa: escuchar las necesidades de mi cuerpo, pero también de mi corazón.

Ponerme metas y dar pasos pequeños

En los siguientes capítulos iré ahondando en las cinco áreas mencionadas, pero antes de empezar, una ley que aplico sin freno es ponerme metas a corto plazo y dar pasos pequeños para que lo que consiga realmente se vuelva parte de mi vida. La sensación de seguir delante para mí fue indispensable; tener metas constantes te da la imagen de avanzar y cuando avanzas es porque existe un camino que recorrer y, por lo tanto, una vida que vivir. Evidentemente, mi motor siempre ha sido mi familia, pero la gasolina son las metas que me voy poniendo en cada área de mi vida, y no me refiero a metas profesionales, ésas abarcan sólo una parte. Mis metas son para trabajar las emociones, los pensamientos, encontrar nuevas actividades, descubrir mejores maneras de ser esposa, mamá, amiga, persona… La lista de las áreas que están en constante desarrollo y que conforman mi persona es interminable.

Lo que es bueno para uno es veneno para otro

Este concepto lo aprendí en mi curso de nutrición integral. En libros, conferencias y material lo mencionan como *bioindividualidad*. El fundador del Instituto de Nutrición Integral (IIN), Joshua Rosenthal, le da mucha importancia a este tema. Menciona que son varios los factores que influyen en los requerimientos nutricionales que necesita nuestro cuerpo. Mi anatomía, ancestros, tipo de sangre, costumbres, metabolismo, actividad física son características que determinan si un alimento es bueno para mí. Esto explicaría que cuando alguien nos recomienda un tipo de dieta para bajar de peso, me puede funcionar muy bien o no veo cambio alguno. Algunas personas digieren mejor ciertos alimentos mientras otras, no. Tal es el caso de los lácteos y lo mismo aplica a todos los tipos de alimentos. Lo importante aquí es que cada persona se ponga a la tarea de identificar cómo reacciona su cuerpo ante cada alimento. Llevar un diario de las comidas me ayuda a identificar qué es bueno o qué es veneno. Escuchar a mi cuerpo siempre será la mejor herramienta para saber qué necesita. La inflamación, el malestar, la falta de energía, el mal humor, la irritación, las alergias, las gripas continuas pueden ser resultado de una alimentación inadecuada.

Nada en exceso, siempre en equilibrio

La diversidad es una de las características de la naturaleza, siempre se descubren nuevas cosas y creemos que nos faltan muchas otras por descubrir. En contraste, creo que las personas tendemos a caer en la monotonía. Hacerlo me daba una sensación de seguridad, o puede ser que me conformo cuando algo me funciona y tengo creencia de que me funcionará eternamente. Mi lógica me llevó a entender que necesito variar mis opciones, que no puedo limitar mi vida o mi cuerpo a poco cuando existe tanto. Cuando empecé a hacer cambios en mi alimentación, también comencé a hacer recomendaciones en redes sociales sobre esos cambios. Uno en particular fue acerca de los beneficios del té verde; en esa ocasión una amiga me comentó que ella tomaba diario hasta que le comentaron que no era tan bueno. En ese momento investigué sobre las contraindicaciones del té verde y encontré que no es recomendable para personas con problemas estomacales porque es un irritante o para las personas que tienen deficiencia en hierro porque inhibe su absorción. Así me encontré con muchos alimentos que se vuelven famosos por sus beneficios, pero siempre existen personas que hablan de sus efectos negativos. Descubrí de esta manera que todo en extremo causa algún problema, tanto la falta como el exceso. El equilibrio en la alimentación y en nuestra vida es la opción más segura para obtener sus beneficios y siempre va a depender de la época o condición en la que te encuentres.

Un buen hábito lo consigo con tiempo y paciencia

La paciencia en mi opinión es una gran virtud difícil de alcanzar en la época en que vivimos pero, sin duda, puede desarrollarse después de una enfermedad o una crisis. Levantarse cuando se enfrenta una dificultad toma tiempo y un montón de paciencia. Como ya lo he mencionado, la enfermedad fue un comienzo para mí y como un bebé volví a empezar. Los niños se toman mucho tiempo para aprender a hacer algo sencillo y lo consiguen a base de la repetición. Todos los que nos hemos dado unos minutos para observar a un niño, nos percatamos de su increíble manera de intentar algo incansablemente, una y otra vez hasta lograr lo que quiere; a veces les toma días pero lo intentan hasta conseguir su objetivo. Ésta es mi mejor manera de explicar cómo experimenté el tiempo y la paciencia en la enfermedad: lograr una meta requiere esfuerzo y perseverancia y, entre más paciente, es mayor la recompensa.

Recordar vivir para disfrutar la vida

Quizá tantos cambios y nuevos hábitos resulten apabullantes para un paciente con cáncer. Ya es bastante difícil vivir todo lo que conlleva una enfermedad, y además restar tantas cosas que deja de hacer y sumar nuevas que debe adoptar puede ser pesado con sólo pensarlo. Para mí ha sido muy importante saber que siempre debo soltar las riendas un poco y de vez en cuando. Eso me mantiene lejos del exceso de vivir una vida tan sana que me limite de las cosas que me gustan y que se vuelva en algo "insano". Mi primer recurso es buscar una opción sana que reemplace el mal hábito y el segundo recurso es romper con el hábito cuando lo merece. Encontré una alternativa que me acomodó y ha sido cuidarme el 90 por ciento del tiempo y darme un 10 por ciento para romper con la regla y relajarme. A veces se me pasa la mano, pero siempre existe alguien que se preocupa y te recuerda volver a los buenos hábitos; en mi caso, es mi esposo.

Renovando la mente

Porque mis pensamientos no son vuestros pensamientos, ni vuestros caminos mis caminos, dijo Jehová. Como son más altos los cielos que la tierra, así son mis caminos más altos que vuestros caminos, y mis pensamientos más que vuestros pensamientos.

Isaías 55: 8-9

9 de noviembre de 2012
25/33 radios 31/42 quimios. Ayer intenté muchas veces darme tiempo para escribir, pero el día no lo permitió. Seguramente necesitaba que llegara la noche para meditar con calma la información que recibí; por cierto, nada nuevo pero sí más claro. Fue uno de esos días que te sientes en la montaña rusa: con altas y bajas, difícil de enfrentar pero con sus momentos de paz y de distracción obligada y necesaria. Y a esta conclusión llego y se las presto por si llegan a necesitarla: Dios NO nos pone pruebas. Yo como madre imperfecta que soy jamás le haría una prueba tan dura a ninguno de mis hijos, JAMÁS; pero a veces les permito vivir las consecuencias de sus actos. Así nos las permite Dios. Estas situaciones son resultado de nuestros actos y decisiones, de nuestra libertad y de la destrucción que los humanos hemos hecho.

Es muy fácil culparlo por todo lo que nos sucede. La libertad es nuestra, para darle el sentido a nuestro paso, para enfrentar cada situación a nuestra manera. Sin embargo, todas esas formas se reducen a dos: bien o mal, éxito o fracaso, te levantas o te tiras. En mi primera clase de golf (ja, ja), la instructora, una pro, me dio paso a paso toda la información necesaria para pegarle a la bola, toda una complicación, y así lo hice cada tiro. Primero la mano izquierda (medio torcida), luego la derecha (medio encima), pelota al centro, con cierta distancia (ni lejos ni cerca), echar el cuerpo hacia adelante, sacar las pompas, piernas a la distancia de los hombros, rodillas dobladas... y ya que te tardaste años en acomodarte, con mucho esfuerzo, concentración a todo lo que da, pensando en que el cuerpo tiene que girar sin quitar la vista a la pelota. En esa INCÓMODA postura... relajar el cuerpo, soltarlo para que el movimiento fluya, y si no te relajas por completo, NO fluye. Igualito me siento: recibo información constantemente, a veces clara, otras no tanto, pasos a seguir, recomendaciones, alimentación adecuada, cuidados específicos, fe, esfuerzo, ánimo, concentración, paso a paso, día a día; pero siempre llegas al punto donde tienes que soltar el cuerpo y relajarte para que todo fluya. A este punto quiero llegar, a dejar de controlar todo para encontrar nuestra solución o nuestra paz, pero sobre todo nuestro milagro.

La mente desempeña un papel muy importante cuando nos enfrentamos a una enfermedad. Siempre tiene un papel importante, pero comúnmente no se les pone mucha atención a los pensamientos; ellos fluyen y rara vez nos cuestionamos si aprovechamos o desaprovechamos el tiempo mientras pensamos. No quiero decir que nuestros pensamientos siempre deban ser productivos, más bien cuestiono cuánto tiempo le dedico a los pensamientos negativos y cuánto tiempo a las positivas y cómo ellos influyen en mi actitud ante los acontecimientos que vivo día a día. Mi trayectoria de vida no es dictada por las circunstancias que se me presentan, sino que la voy dictando con las decisiones que tomo ante ellas. La vida siempre va a tener sus altas y sus bajas, no tenemos control sobre ella, no hay forma de manipular los días para no enfrentarme a ciertas dificultades. Lo único que puedo tener bajo control es mi manera de reaccionar ante un mal momento. Esto es lo que define mi actitud, así voy dibujando el mapa de mi vida; es por elección, no porque me haya tocado vivir una buena o mala vida, sino por cómo decidí vivir cada momento que se presentó.

La doctora Caroline Leaf explica en su libro *Switch on Your Brain* cómo nuestras reacciones ante diferentes eventos tienen un enorme impacto en nuestra mente y cuerpo físico. Cada día, mientras pensamos, nuestro cerebro va cambiando físicamente, su estructura se define por los pensamientos; esto quiere decir que mi cerebro toma forma de acuerdo con lo que pienso. Puedo elegir tener un cerebro con una estructura positiva o negativa, todo va a depender de cómo elijo pensar, de manera constructiva o, en caso contrario, destructiva. Tu actitud que se forma por tus elecciones de pensamiento es la que determina la calidad de tu vida, porque al pensar no sólo cambias la estructura cerebral, sino que cada pensamiento se convierte en una señal que se mueve por el cuerpo afectando la salud física de tu célula.

Lo que piensas cada momento de cada día se convierte en una realidad física en tu cerebro y cuerpo, que afecta tu estado óptimo mental y salud física. Estos pensamientos colectivos forman tu actitud, que es el estado de tu mente, y es tu actitud y no tu ADN quien determina en mucho la calidad de tu vida. Este estado de mente real, físico, electromagnético, cuántico, flujo químico que fluye en tu cerebro es el que prende o apaga grupos de genes en una dirección positiva o negativa basada en tus elecciones y sus reacciones subsecuentes.

Científicamente, a esto se le llama *epigenética*; espiritualmente, esto proclama el Deuteronomio 30:19: "Os he puesto delante la vida y la muerte, la bendición y la maldición; escoge pues la vida, para que vivas tú y tu descendencia".

En cuanto a la mente en tiempos de enfermedad o ante cualquier dificultad, cuando puse atención en ella, mis pensamientos pasaron por preocupación, tristeza, alegría, miedo, fortaleza, esperanza, desesperanza, control, descontrol, en fin; observé una cascada de pensamientos que evidentemente me conducía a una montaña rusa de emociones y que esas emociones –positivas o negativas– tenían una consecuencia en mi cuerpo físico, para bien o mal. Esto pudo ser, en parte, una de las razones que permitieron que el tumor se desarrollara en primer lugar; así que poner atención en mi mente me pareció una buena estrategia para enfrentar el tiempo del tratamiento y lo que venía después, que no era muy prometedor, según el panorama que me habían presentado. En muchas ocasiones me proponía tranquilizar los pensamientos, identificarlos lo antes posible y tornarlos de negativo a positivo y, si no encontraba la manera, cambiar totalmente de pensamiento para distraer la mente y enfocarla en otra cosa. Esto determinaba en mucho mi actitud ante cada paso que tenía que dar. Recuerdo que antes de mi primera operación sentí miedo ante la idea de tener la cabeza abierta, y lo que me esperaba en la recuperación me aterraba; sin embargo, no podía permitir que los pensamientos de aprensión me invadieran la noche anterior o las horas previas a la operación. Mi decisión ante esos pensamientos de temor fue apoyarme en Dios. Mi parte espiritual fue el recurso ideal o el único que me llevaría a la meta de mantener la mente tranquila y la sensación de estar en paz. Abrí mi Biblia y me encontré con Isaías 43: 1-3, y como es dulce la magia que cae del cielo, mis ojos se cerraron, mi cuerpo descansó e increíblemente dormí sin despertar en toda la noche. Aún más sorprendente fue verme en total paz mientras me preparaba para dirigirme al hospital a la mañana siguiente, caminar con alegría, sin rastros de angustia en mi rostro y con la extraña sensación de disfrutar del cariño, apoyo y preocupación de las personas que más quiero que estaban a mi alrededor. Sin duda, creo haber sido la única que no tenía la mente puesta en la operación.

Tomando el control

Porque no nos ha dado Dios espíritu de cobardía, sino de poder, de amor y de dominio propio.

2 Timoteo 1:7 (RVR1960)

22 de octubre de 2012
Les comparto un párrafo de lo que escribió Gaby Vargas (noviembre de 2002) en "En lo próspero y en lo adverso": "Finalmente, así es la vida... Nos cae un chubasco cuando menos lo esperamos y la gran diferencia

entre derrotarnos o sacar la casta, es la actitud. La escuela de la vida le proporcionará a esta joven pareja, como a todos, muchas situaciones parecidas a ésta. Sabemos que no podemos controlar lo que nos sucede o la manera en que los demás se comportan, lo que sí podemos es decidir cómo reaccionar frente a las circunstancias y convertirlas en trampa o trampolín. Trampa si me dejo llevar por ellas o trampolín si las traspaso con valor y alegría. Dice Viktor Frankl: 'El tamaño que yo tengo como ser humano, es el tamaño del obstáculo que soy capaz de vencer'. Pablo y Yoanna hacen de la adversidad un trampolín y su ejemplo nos da una lección. Nos dejan un grato recuerdo de una boda inolvidable. Después de todo, así es la vida, te cae un chubasco cuando menos lo esperas y la actitud que tomemos ante eso es lo que nos hace ser personas valiosas y exitosas". 11/33 radiaciones y 13/42 quimios… En estas circunstancias, decidimos trampolín, porque será sólo un obstáculo que cruzar con la fuerza, ánimo, paz y luz que Dios nos regala día a día. Gracias por el ánimo y apoyo que nos dieron todos el día de nuestra boda y gracias porque el día de hoy contamos con su mismo ánimo y apoyo.

En mi proceso mental para comenzar un camino en dirección a mi salud, el primer paso importante que di fue decidir el curso a tomar. No fue desde el principio, me llevó algo de tiempo. Con la primera operación lo más fácil y razonable fue ponerme completamente en manos de los médicos, sin cuestionar sus recomendaciones. La única decisión que tomé fue el doctor que me atendería y la parte emocional o el instinto fue lo que me guió, elegí quien me daba más confianza. Decidí tomar el control de mi enfermedad después de la segunda operación cuando los médicos me pintaron un futuro con regresiones de tumor, operaciones, radiaciones y quimioterapias. Una vez que escuché al doctor decir que no hiciera nada después de terminar los tratamientos, que regresara a mi rutina diaria hasta que se presentara una regresión del tumor, fue cuando mi mente quiso eliminar la opción de jugar a la ruleta rusa de tratamientos médicos que no daban muchas promesas de calidad y cantidad de tiempo, y buscar un juego diferente con esperanzas de una larga vida. Sigo apoyándome en ellos en mis revisiones para confirmar que todo se mantiene en orden; confío en su conocimiento y capacidad, pero sobre todo en su preocupación por brindarme la mejor opción a su alcance en caso que aparezca algún avance médico y me puedan ofrecer opciones de tratamientos menos invasivos y con mejores resultados. Sin embargo, mi decisión ha sido buscar el equilibrio entre la medicina alópata y los métodos holísticos. Mientras me encuentre sin regresiones, decidí dedicar gran parte de mi tiempo en buscar cualquier alternativa que me ayude a mantenerme lejos de operaciones y tratamientos; opté por volverme una persona activa en el curso de mi salud, cualquier posibilidad tendría que encontrarla por mi parte. Ésta es mi meta a corto plazo: crear un hábito de investigación y aplicación de actividades que considere me puedan ayudar a mantenerme saludable y sin cáncer el mayor tiempo posible o de por vida. En algunos tipos de cáncer, la ventana de vida puede ser muy estrecha, como en el mío, y sin embargo existe esa pequeña salida. Yo escogí formar parte de los pocos casos que sobreviven a lo imposible, algo en mi interior me decía que esa posibilidad estaba disponible para mí. Desde entonces me visualizo sana hasta la vejez y cada vez que se me presenta la oportunidad para afirmarlo con palabras me aseguro de hacerlo; declarar con la voz todo lo positivo se ha vuelto una manera de asegurar y reafirmar lo que creo. Sólo Dios sabe mi fecha final y como mi interés no está en ese momento sino en lo que puedo hacer hasta que se presente, las posibilidades se abren cuando decido tomar el control del tiempo que tengo, que es el día de hoy. Este y cada amanecer es una oportunidad para encontrar mi camino de salud, hoy y cada mañana tomo el control de mi vida, yo decido de qué manera voy a experimentar, que área puedo trabajar y, sobre todo, qué quiero disfrutar. Toda decisión se vuelve importante cuando pensamos en vivir para hoy, sin importar qué nos espera mañana. Nuestra historia se define por las decisiones y no por las circunstancias. El cáncer ha sido parte de la mía, y no fue la enfermedad la que me ha definido sino cada una de las decisiones que tomé en la adversidad. "No se preocupen por el día de mañana, porque el día de mañana traerá sus propias preocupaciones", Mateo 6:34.

Cuando he tenido la oportunidad de compartir esta parte de mi historia, me encuentro con muchas personas que sienten la misma necesidad de hacer lo posible para salir adelante. Aunque en algunos casos sus seres queridos tienen la sensación de que deberían hacer más o mejorar su actitud y se muestran inquietos por querer impulsar a la persona que padece el cáncer para que busque más alternativas, que presente mayores y mejores cambios para enfrentar su enfermedad. En mi experiencia me pareció increíble estar siempre acompañada y sentirme apoyada por todas las personas que me quieren; sus recomendaciones y aportaciones me han sido muy valiosas, y siempre agradecí que mis decisiones y mis tiempos fueran respetados. Este proceso físico, psicológico y emocional toma su tiempo y para cada persona es diferente. La decisión de tomar el control de la salud es personal, tanto el tiempo como la forma; cada paso, sea grande o breve, es muy valioso. A mí me tomó más de dos años darme cuenta de que me enfrentaba a un cáncer complicado y fue hasta entonces que tomé el control de mi vida. Lo que escribo en este libro ha sido el resultado de un proceso que ha durado siete años y creo que continuará por el resto de mis días. Pienso seguir creciendo en cada área que me conforma. Cada día será un regalo para avanzar, mi deseo es nunca pensar que es demasiado tarde para empezar o probar algo diferente. Quiero permitirme asombrarme de todo lo que puedo lograr cuando lo intento. Hasta ahora pude descubrir que el cuerpo, la mente y el corazón tienen una capacidad enorme para recuperarse, renovarse, fortalecerse y superarse. En mi caso el proceso ha requerido tomar el primer paso, ser constante, tener paciencia y confiar que cada esfuerzo me conduce a una satisfacción que dibujará una sonrisa en mi cara; cuando llega, disfruto ese instante, lo guardo y lo atesoro.

Tomar el control de mi vida y de mis decisiones me ha ayudado a hacerme responsable del resultado, no necesariamente de vida o muerte porque sobre eso no tengo control, sino de cuánto aproveché cada momento que me regalo este día; no lo mido en monedas, en título ni en productividad, para mí no es cuantificable. Cuando entendí que era vulnerable me dejé asombrar por las grandes y pequeñas cosas, por las sonrisas que sentí y pude ver, por las veces que pude reconocer que me equivoqué y lo volví a intentar, lo que aprendí para mejorar mi carácter, por lo que di y recibí, por lo que disfruté sin expectativas. En esta vida llegamos y nos vamos sin nada, lo único que prevalece y permanece es nuestra esencia (alma) y el amor que damos y recibimos, lo demás es de esta tierra y aquí se queda.

Mientras forme parte de este mundo, yo escojo vida y bendición. Ésta es mi forma de tomar el control.

¿Cómo visualizo?

El ojo es la lámpara del cuerpo. Por lo tanto, si tu visión es clara, todo tu ser disfrutará de la luz.

Mateo 6:22 (NVI)

15 de abril de 2013

¿Cómo voy?... Para los que han preguntado, a los que les interesa y para los que quieren conocer una historia más, ahí la llevo, muy bien, como suelo repetir constantemente pero de verdad muy bien. Desde un principio recibí un consejo de alguien muy importante para mí: "No hay que preocuparse, hay que ocuparse", y en eso me mantengo, ocupándome.

La primera vez que me operaron (en 2010) no preguntamos mucho, más bien nada, nos conformamos con que todo había salido de maravilla y seguimos con nuestra rutina normal y la angustia momentánea de los chequeos cada seis meses, pero nos duraba poco porque las resonancias salían bien. Pero los tiempos de Dios son perfectos –por qué no–: el día que me enteré que el tumor había crecido nuevamente fue exactamente el día que supe que estaba embarazada. Y digo literalmente que son perfectos porque si nos hubiéramos enterado antes del tumor, nuestros planes del tercer hijo se hubieran cancelado; así que decidimos esperar a que naciera nuestra hermosa niña (¡qué buen regalo nos tenías preparado!) y me operaron nuevamente unos meses más tarde, seguido por el tratamiento. Esta vez teníamos muchas preguntas, con respuestas que hubieras preferido no escuchar: ¿por qué volvió a crecer? ¿Desde un principio se consideraba cáncer y nosotros no lo sabíamos? ¿Volverá a aparecer? ¿Cuánto tiempo? ¿Y nosotros qué podemos hacer? Y aunque agradezco enormemente todo el esfuerzo y apoyo de mis doctores que de verdad me consienten y me cuidan con los métodos tradicionales en los que ellos creen, me niego a seguir su consejo para cuando terminemos este tratamiento: Get on with your life and when the time comes, we will take care of it. *Yo prefiero ocuparme y encontrar algún método de prevención que la medicina tradicional no ofrece, detiene temporalmente pero no previene. Así que además de ocupar mis días con la rutina normal de esta época de niños, me dedico a descubrir formas de sanar el cuerpo, el alma y la mente. Pasito a pasito, pero tratando de encontrar el equilibrio en cada área de mi vida. Es un esfuerzo diario y constante pero una persona en mi situación no tiene muchas alternativas y cuando la vida te obliga a cuestionarte es mejor darle gracias por hacerte razonar. Así que me encuentro muy bien… ocupada, renovándome y puliéndome para sacarle brillo a mi persona. Sanando en cada paso que logro avanzar, aferrada a la fe y la esperanza que me confirman que voy a llegar. Hoy empiezo mi cuarto round de quimios,* three little fucking bastards *durante cinco días y aunque aumenten su dosis, me la p… Ja, ja, ja.*

Mientras investigaba sobre la importancia de mis pensamientos, descubrí muchos estudios que han logrado demostrar que existen ondas magnéticas medibles, impulsos eléctricos, efectos químicos y vibraciones que pueden ser detectables por algunos instrumentos que ocurren en nuestro cerebro y cuerpo cuando pensamos. Esto ha demostrado que cada vez que generamos actividad mental por un pensamiento, se crea una señal que, al llegar a la célula, puede atravesar la membrana para entrar en su núcleo y encontrarse con el ADN; esta señal activa o desactiva información que contiene según el tipo de pensamiento, ya sea positivo o negativo. Un pensamiento tóxico puede tener un resultado muy diferente a un pensamiento sano. Heredamos de nuestros padres, abuelos, bisabuelos información genética; antes se creía que ya estábamos programados y esta información dictaba nuestra vida, como si no tuviéramos opción alguna para decidir qué sería de nosotros. Gracias a Dios era información muy limitada. Con el tiempo la ciencia ha encontrado que a partir de nuestras decisiones de pensamiento y hábitos podemos encender o apagar la información que heredamos. Nuestro ADN fue moldeado conforme a las decisiones y hábitos de nuestros antepasados, pero nuestro destino no lo definieron ellos, sino que en mis manos tengo la libertad de decidir el rumbo que voy tomando cada día; se llama libre albedrío. Así que no soy un robot que Dios creó, ni me puedo justificar diciendo: "Pues así me hicieron y no lo puedo cambiar". Cada amanecer es una nueva oportunidad para ver mi vida con ojos optimistas, generar pensamientos positivos para activar los buenos genes y mantener apagados los malos y, aún mejor, puedo revertir enfermedades que me he generado cambiando mi manera de pensar, de vivir y de observar. Con toda la información que he descubierto en los últimos años he decidido crear química, frecuencias y señales eléctricas positivas dentro de mi cuerpo para que sea la mejor versión que puedo ser.

El doctor Patrick Quillin explica que hay dos formas de ver la vida: existen las personas positivas y las negativas. La diferencia entre ellas es la manera en que visualizan las circunstancias. Cuando el negativo logra algo, su pensamiento es: "Claro esto sólo fue suerte o sólo me pasa una vez en la vida", y cuando le sucede algo malo: "Ésta es mi vida o siempre me pasa a mí". En cambio, el positivo piensa que los logros y eventos buenos son comunes y constantes, y cuando le toca vivir algo malo, lo ve como ocasional. Lo positivo es permanente y lo negativo ocasional para las mentes de algunas personas, mientras que lo negativo es común y lo positivo sólo se presenta de manera esporádica para otras personas. Estas formas de visualizar la vida no dependen del carácter ni la genética de las personas, sino de su manera de ver la vida; es una decisión que tomamos. Con nuestra manera de pensar definimos nuestro modo de ver los acontecimientos que surgen en nuestra vida, y por lo mismo nos volvemos optimistas o pesimistas moldeando nuestra actitud.

En mi caso fue la regresión del tumor la que me hizo entrar en estado de alerta. Era la segunda vez que mi cuerpo me mandaba una advertencia para hacerme entender que algo no estaba haciendo bien, y si seguía con ese ritmo tanto las regresiones como el tumor se irían tornando más agresivas y frecuentes. Es difícil entrar en guerra con una enfermedad para la que los médicos no tienen las armas precisas para combatirla y lograr la victoria en todos los casos, o por lo menos en la mayoría. Pero eso no fue lo que me impulsó a cambiar radicalmente mi esquema de vida en cuanto a hábitos, más bien fueron los pocos casos exitosos que se encuentran en libros, conferencias y redes sociales los que me motivaron y trazaron la meta de entrar en las listas de sobrevivientes de cáncer. Ése fue mi enfoque: alcanzar la meta de la minoría constantemente, para vivir todos los días del resto de mi vida en busca de mi salud, porque mi caso así lo requiere. He aceptado esa realidad y responsabilidad tanto por mi familia como para mí, porque aunque la vida eterna suena muy atractiva, quiero disfrutar y compartir con mi esposo e hijos las maravillosas etapas que les faltan por vivir, acompañarlos en todos sus éxitos, aventuras, fracasos y dificultades. La advertencia la visualicé por primera vez como una puerta que siempre estuvo abierta para convertirme en una mejor versión de mí, pero que nunca me di el tiempo de observarla y atreverme a cruzar. Esta amenaza me forzó a verla y comprender que era la única opción de salida porque todas las demás alternativas se habían cerrado. Para mí ha sido obligatorio cambiar mi modo de pensar y visualizar, porque es la única opción que tengo para lograr lo que quiero. He agradecido tener la posibilidad de reinventarme y conocerme a profundidad, quitándome cualquier máscara que utilicé para cubrirme y permitirme vivir más y más instantes de felicidad sin complicaciones sentimentales ni ideales.

Recuerdo y atesoro con mucho cariño el día que tuve una plática con mi tío Alexis; compartimos la misma enfermedad en la misma época. A él lo diagnosticaron unos meses después que a mí; su cáncer diferente del mío, pero nos hacía cómplices en emociones y pensamientos. Me dijo que él siempre había deseado tener una muerte repentina, sin embargo, en esos últimos años agradecía haber tenido las bendiciones que trae este tipo de situaciones. Me decía que sólo las personas que pasamos por estos trances, nos beneficiamos al tener de frente la oportunidad que nos brinda Dios para aprender a disfrutar al máximo cada día, rodeados de los amores de nuestras vidas, forzándonos a darnos todo el tiempo posible y enfocarnos en lo que realmente tiene importancia, gozar cada regalo de la vida y aprovecharlo, y entregarnos por completo en una lenta y linda despedida. A mi gusto fue un ejemplo hermoso de un adiós como lo hacen las grandes personas de corazón, visualizó su condición como una dulce partida y lo hizo con mucho éxito; logró que el proceso se volviera menos desagradable para su familia y la llenó de recuerdos preciosos para guardar y recordar. Cuento esta historia porque aunque no tiene un final feliz para la mayoría, este gran ser humano lo convirtió en un ejemplo a seguir.

Vulnerabilidad un arma de dos filos

14 de febrero de 2013

Empecé mi segundo round de quimios. Aunque esta larga batalla del cáncer trae cosas malas, son muchas más las buenas. Creo firmemente que las personas que pasamos momentos difíciles que marcan nuestras vidas, si nos permitimos adaptarnos y aceptarlos terminamos por llamarlos oportunidades y hasta agradecer el despertar a una nueva vida. Esta vez les platicaré sobre una mala racha que, gracias a Dios, ya pasó. Después de mi primer tratamiento de enero estuve un poco más cansada y con algunos achaques, nada que no se pueda aguantar; terminé en el hospital con convulsiones; al parecer, después de un tiempo de radiaciones, a veces el cerebro se inflama, y para no hacer el cuento largo ni detallarles el susto que se metió mi familia –aunque no quiero dejar de mencionar lo increíble que fue despertarme y ver a tantas personas afuera de emergencias preocupadas por mí, no me pregunten cómo llegaron tantos en tan poco tiempo (otra linda imagen que guardar)–, obvio me saturaron de medicamentos. No sé si fueron las convulsiones, los medicamentos o el conjunto de ambas, pero estuve un par de semanas sintiéndome... confundida, sin ganas de hacer nada, más que dormir, sin inspiración y sin controlar del todo mis emociones, al tiempo que me daba cuenta de que mis pensamientos y mis sentimientos no eran míos. Fue un tiempo difícil para mí y para los que estaban cerca de mí, por no saber si mi esencia regresaría. Así que decidí dejar pasar el tiempo, detenerme y tener la esperanza de que cada mañana sería un poquito mejor. Y así fue, los malestares no se fueron tan rápido pero el ánimo me fue regresando poco a poco hasta que por fin esta semana mi cara refleja más la persona que soy. Las malas rachas siempre aparecen y en muchas formas y sentimos que todo se junta en un solo momento; así es la vida. Descubrí que a pesar de que la rutina sigue y el ritmo no se interrumpe, a veces necesitamos detenernos aunque sea a ratitos para dar un respiro y permitir a la mente descansar cuando sientes que nada está en tu control. Es una enseñanza de que no podemos manipular todo a nuestro antojo y que necesitamos soltar las riendas para que el tiempo y cada mañana podamos ver cómo la luz fluye mejor cuando no intervenimos. "Encomienda a Dios tus obras, y tus pensamientos serán afirmados", Proverbios 16:3.

Me sentí vulnerable desde el momento que me dijeron que tenía un tumor en la cabeza, en el instante que supe que debía pasar por una operación de cerebro entendí que las cosas me pueden suceder a mí. Fue la primera vez que en mi vida existía la posibilidad de una muerte. Aunque sea irónico pensarlo, todos tenemos la idea de que moriremos de viejitos, y sin embargo existe la eventualidad de morir joven y en esta ocasión era una probabilidad para mí. Enfrentar la muerte y estar en paz con este concepto me tomó tiempo y tres experiencias con ella. La primera vez que pasó por mi mente fue el día de mi primera operación en el preoperatorio, con el anestesiólogo a mi lado y mi cama rodeada por mi familia: Pablo, mis papás, mis hermanos, mi suegra y mi cuñado; mientras ellos hacían una oración por mí y Pablo me leía una carta con una fotografía de mis hijos para que me acompañara en el quirófano, recuerdo en silencio darle gracias a Dios por la vida tan bendecida que había tenido y le dije que si esos eran mis últimos minutos de vida lo aceptaba, claro que ayudó el hecho de pensar que me dormiría y no me daría cuenta. La segunda vez fue cuando equivocadamente Pablo y yo le entendimos al radiólogo que los tratamientos los hacían para darme de tres a cinco años de vida. Saliendo de esa consulta por mi mente pasaban todas las cosas que quería hacer, cómo provechar este tiempo limitado que me quedaba de vida y la idea de vivir ese breve periodo para bien o para mal signado por la muerte cercana. En esta ocasión sentí dolor y miedo, pero también aceptación. Solamente duró un día porque después verificamos esta información con dos médicos más que nos aclararon que se refería a tres a cinco años en que estadísticamente se vuelve a generar un tumor como el mío después del tratamiento, de modo que me vería sometida a los procedimientos durante un periodo y después definirían el siguiente paso a tomar. Aunque el panorama mejoró en mi mente, los doctores me describieron una vida en lucha constante de medicamentos y operaciones, de acuerdo con su experiencia médica, con reapariciones de tumor hasta que las células cancerígenas se vuelven tan agresivas que la medicina ya no tiene opciones para detener su crecimiento. No obstante, mi fe siempre me dijo que mi historia se saldría de lo esperado para los médicos. La tercera experiencia fue unos meses después de los tratamientos. Estando en mi casa empecé a perder el control del lado derecho de mi cuerpo, traté de llamar por teléfono a mi mamá, que estaba cerca de mi casa, para que me llevara al hospital. Mis dedos no lograban marcar los números, ni siquiera podía desbloquear el teléfono, mi mente no controlaba mi cuerpo, pedí ayuda para que le llamaran a mi mamá y mientras me llevaba al hospital recuerdo sentir no miedo, más bien terror; supliqué a Dios en silencio por mi vida, le rogué que me sacara de esta situación. Estaba intranquila y sin paz, no lloré pero no paré de suplicar; me calmé un poco al llegar a urgencias y mientras explicaba los síntomas al médico en turno lo notaba un poco preocupado. Me mandaron a hacer una tomografía, que es más rápida que una resonancia, para descartar un derrame cerebral y mientras me hacían el estudio me dio una convulsión. A la pobre de mi madre le tocó verme con la cara deforme, mientras gritaba por ayuda, y aunque los médicos le decían que no estaba consciente creo que no se le va a olvidar la imagen. A partir de la tomografía no recuerdo nada hasta que desperté en una habitación del hospital con toda mi familia recuperándose del susto. Había transcurrido mucho tiempo pues es tan fuerte una convulsión para el cuerpo que éste queda agotado y por lo general te quedas dormida por un rato. Una crisis convulsiva puede ser causada por una operación, tratamiento o tumor; en mi caso fue una inflamación del cerebro debido a las radiaciones. La pérdida de control del cuerpo fue un aviso de que venía una convulsión.

Estar en paz con la muerte fue un proceso largo. Después de estas tres experiencias viví una época en que la cuestionaba mucho, sobre todo porque mi manera de enfrentarla en esas tres ocasiones fue muy diferente, que dependía de cómo se había presentado el evento y del sentimiento con el que venía acompañado, ya sea en calma o en estrés total. Recuerdo, después de la convulsión, que fue un tema que se me presentaba constantemente, ya sea en libros, pláticas, películas... en fin, sentía que desde el cielo me mandaban señales y explicaciones para que encontrara la forma de aceptar que llegaría algún día. Es inevitable, pero para vivir más tranquila fue bueno que todos mis sentidos estuvieran alertas a los mensajes que me trajo esa época para encontrar la paz que necesitaba para que mi mente dejara de asustarse por la posibilidad de enfrentar a la muerte en algún momento, permitiendo vivir tranquila y seguir disfrutando de los días que me regalan.

Los miedos y pensamientos negativos

Piensen en todo lo que es verdadero, en todo lo honesto, en todo lo justo, en todo lo puro, en todo lo amable, en todo lo que es digno de alabanza; si hay alguna virtud, si hay algo que admirar, piensen en ello.

Filipenses 4:8

El miedo y la negatividad aparecen con frecuencia después de un diagnóstico de cáncer. Los médicos presentan todos los posibles escenarios de acuerdo con cada paciente y resultan ser muy fuertes de escuchar. Lo que he observado en la mayoría de los casos que he podido conocer y en el mío en particular es que al salir del consultorio médico, después de recibir el diagnóstico, todo se vislumbra negro, sin esperanza, y lo que más guarda la memoria son los escenarios pesimistas que nos plantearon; los optimistas quedan un poco relegados dentro de la mente. Nos llenamos de miedo, de incertidumbre y de posibilidades oscuras que sólo son parte de nuestra imaginación; al miedo le gusta bloquear las posibilidades positivas de nuestra mente. Sin embargo, cuando vamos avanzando y damos los pasos difíciles, una vez que termina el proceso, nos damos cuenta de que no era tan negro como lo imaginamos, sino que fue acompañado por tonos grises e incluso blancos, a veces. Conforme fui avanzando me percaté de que podía enfrentar cada obstáculo y empecé a ver algunos matices de gris y hasta visualicé en ocasiones luz. Al encarar las operaciones y los tratamientos me encontré con la fortaleza suficiente para enfrentarlos y entonces comencé a escuchar las buenas noticias, y aunque las malas se presentaron, ésas también las pude vivir. El proceso resultó no ser tan complicado como lo había pintado mi imaginación. Lo desconocido trae consigo incertidumbre y mucho temor, pero el tiempo nos muestra que la realidad es diferente a la creatividad de nuestros pensamientos complejos, así que trato de no poner mucha atención a las posibilidades tristes que me muestra el miedo después de un diagnóstico negativo. Los días son muy largos cuando todo se trata de tratamientos, recuperación, análisis clínicos y resultados médicos, y las noches de insomnio alargan el tiempo; es muy común no dormir bien por las noches. Toda actividad que te saque de la rutina médica aligera la carga mental y física. Para mí los niños fueron mi mejor distracción, a veces el malestar me impedía estar al cien en mis responsabilidades como mamá, pero me hacía ver que la vida sigue a pesar de mi condición, y tuve que seguir con el ritmo que me marcaba el ser mamá de tres niños pequeños. Sí fue pesado pero sin duda era lo que me obligaba a levantarme con ánimo y no lamentarme.

Tuve muchos momentos de miedo y pensamientos negativos. Para mí la regadera y la noche fueron mi debilidad. Muchas veces me encontré llorando desesperadamente bajo el chorro de agua pensando en lo que podría pasar si el tumor volvía a crecer una y otra vez, y qué sería de mi familia si el cáncer me vencía y me iba desgastando poco a poco. Mi mayor miedo siempre ha sido perderme en un cerebro disfuncional a causa de un tumor o de tanta intervención; pertenecer a un cuerpo con una mente incapaz de interactuar. Eso sin duda le ganaba al miedo a la muerte. Y las noches para mí eran las peores porque todo pensamiento se potencia como una horrible pesadilla, la oscuridad se volvía pesada y me resultaba imposible volver a dormir. Esto tenía que parar, de alguna forma tenía que ganarle a mi lado pesimista y una vez que identifiqué mis dos momentos débiles cambié de dinámica. En la regadera empecé a repetirme: "Esfuérzate y sé valiente, no temas ni desmayes porque yo estaré contigo". Después de que lo leí en mis noches de insomnio pensé que estas palabras eran justo lo que necesitaba para salir de esos estados tóxicos. En cuanto sentía mis ojitos cristalinos a causa de mis pensamientos, me lo repetía hasta encontrar la fuerza que me llevaría a la calma con un pensamiento positivo, y después de utilizar este recurso en varias ocasiones, la regadera se tornó en un momento creativo de temas para escribir, proyectos que desarrollar, cantar hasta agotarme, incluso componer canciones. En el insomnio decidí que sería un momento espiritual para leer, orar, escuchar y escribir todo lo que sentía o venía a mi mente. Cada vez fueron menos las noches de insomnio y ahora las extraño de vez en cuando porque sentía que me conectaba con el Espíritu, pues en el día me cuesta más trabajo concentrarme y dedicarle un tiempo sin distracciones a Dios. Ahora entiendo que una mente llena de pensamientos oscuros está imposibilitada para encontrar luz, pero si buscas un brillo pequeño, cualquier cosa que te haga sonreír o te dé esperanza, y te esfuerzas por dirigirte hacia ese punto a pesar de la oscuridad que ocupa tu mente, será suficiente para que cambies de negro a blanco.

> Si estás lleno de luz, sin rincones oscuros, entonces toda tu vida será radiante, como si un reflector te llenara con su luz.
>
> Lucas 11:36

> Esfuérzate y sé valiente, no temas ni desmayes porque yo estaré contigo adonde quiera que vayas.
>
> Josué 1:9

Para algunas personas que hemos vivido el cáncer, la posibilidad de una regresión nos mantiene alertas y es como una espinita en el pie que nos hace entender que cada día es una oportunidad para mantenernos con salud, pero sobre todo para aprovechar cada día que te regalan para vivir.

Ataques de ansiedad

22 de abril de 2013

Para allá vamos mi querido Phoenix, mi dulce y amargo lugar donde se une el sentimiento de angustia y el descanso, la inseguridad y la esperanza. Cada vez que te acercas, te anhelo y te quiero evitar, te quiero vivir y a la vez eludir, porque a veces prefiero que no existas. Pero cuando te acercas puedo soltar el miedo y las lágrimas que la rutina no me permite enfrentar constantemente, pero aun así las necesito, necesito disfrutar las lágrimas y aprender del miedo que se presenta en este momento, cada vez que te visito, vivo las lágrimas y con ellas es donde mi fuerza y propósito se hacen más grande. Te he vivido en lapsos cortos y largos y siempre, siempre me traes esta misma confusión, dolor y alegría. Porque así te recuerdo, con lo malo y lo bueno. El lugar donde puedo disfrutar de mí, donde me volví a encontrar porque en esta etapa de mi vida es normal que como mujer vives por alguien más y para alguien más. Así que me regalaste de regreso a mi persona y vimos mi alma despertar, aprendí a cuidar también de mí y preguntarme qué me hace feliz, y lo descubro y me lo propongo cada día. Encontré que primero debo ocuparme de mi estabilidad y de mi sonrisa para contagiarla a alguien más; mi paz es necesaria para que dejen de preocuparse quienes amo. Me duele ver en sus ojos angustia y escuchar en sus palabras temor, a los que la vida me regaló por naturaleza y en especial a quien escogí para compartir cada día del resto de mi vida, a quien me regaló a mis tres angelitos. Por ellos y por todos los que se suman en el camino que llevo recorrido, te agradezco que te permitieras ser el lugar que me dejó ver que puedo ser parte de su felicidad, claro, si soy feliz primero yo, sino ¿qué les podría dar? Así que ahí nos vemos mi linda ciudad, el miércoles por la mañana. Y estoy segura de que muchas buenas noticias y momentos nos tendrás. Estoy casi lista...

Como ya lo he comentado, me considero de esas personas que responden tranquilamente ante las amenazas. En mi casa, cuando algo sucede, una caída, cortada, intervención médica o accidente, suelo ser la que responde con calma, a diferencia de Pablo, que su manera de reaccionar es más descontrolada (con el tiempo he aprendido a respetar y hasta reírme de sus reacciones). Esto no quiere decir que mantenga la calma en todo momento. Después de la primera cirugía experimenté mi descontrol en su grado máximo o por lo menos hasta ahora no me había visto con ese sentimiento abrumador que puede causar el miedo o pánico total: al salir del hospital después de la cirugía, terapia intensiva y tres días de recuperación, Pablo y mi papá me llevaron al hotel, me acomodaron en la cama en tanto llegaban los demás y me quedé sola mientras Pablo iba a la farmacia para comprar las medicinas. Algo pasó cuando me vi sola en un lugar desconocido, consciente de mi situación, los nervios empezaron a hacerse presentes y poco a poco empecé a sentir miedo de estar sola sin contar con la ayuda de nadie si algo me sucedía; traté de hablarle a Pablo para que se apurara, pero mi cuerpo no respondía como yo quería, no lograba marcar el número, el celular se me cayó varias veces por el temblor de mis manos y me sentía incapaz de mantener la calma, hasta que logré comunicarme y le pedí con la voz entrecortada que se apurara porque no me sentía bien. No sé si fue que la medicina dejó de tener efecto o simplemente me ganó la ansiedad pero había algo que no se sentía bien con mi cuerpo ni con mi mente. Escuchaba las voces de mi familia afuera tratando de encontrar el cuarto, y según yo —o según mi miedo— se tardaron una eternidad para llegar a la puerta correcta; me encontraron apanicada y llorando sin parar, me bastó la compañía y el apapacho para regresar a la calma y estabilizarme en unos cuantos minutos. Viví un episodio similar a los pocos días y todo se desencadenó porque no podía ponerme el zapato, mientras me alistaba para salir del cuarto; me vi sin compañía una vez más y con la imposibilidad de realizar una tarea tan simple que me volvió a sacar de mi centro. Desde entonces necesité estar acompañada durante un largo periodo porque me sentía insegura, las tareas más sencillas como las del súper requería la presencia de alguien más y con el episodio convulsivo me volví más estricta; se sumaron la alberca, la tina y cualquier situación que pudiera ser riesgosa si se presentaba una convulsión. Cuidaba sobre todo que mis hijos no experimentaran una convulsión sin la asistencia de un adulto. No permitía que muchos vieran esta necesidad, sólo algunos la percibieron y como no me dejaron manejar tuve el pretexto perfecto y la bendición de tener a quien llamo mi *damo* de compañía que manejaba por mí y me acompañaba a cualquier lugar para no estar sola por ningún motivo. Pobre, porque en varias ocasiones que me sentí mal a causa de las quimioterapias, aunque ya no me salía de control, le veía la cara de preocupación por mi malestar; creo que se preparaba cada día para responder a mis malestares o posibles convulsiones. Así se resolvió mi necesidad de compañía por algunos años. Pero la vida no me dejó mantenerme en este estado y se las ingenió para impulsarme a dar pasos y salir de este miedo permanente, se presentó la oportunidad de superar mi dependencia a la compañía: un curso de quince días sin niños ni marido, cosa rara para una mujer que dedica la mayoría de su tiempo a la familia; no sólo tendría que tomar un vuelo sola, sino rentar un coche, manejar y dirigirme a una casa desconocida, con personas desconocidas en un pueblo que nunca había pisado. Ahora me río, pero fueron muchas las noches que no pude dormir por la idea de realizar todo esto por mi cuenta y sin la ayuda de nadie. Parecía que nunca en mi vida había viajado, manejado y estado sola; mis papás nunca fueron sobreprotectores; por el contrario, nos impulsaban continuamente a ser independientes y autosuficientes. Desde niña me gustaban los momentos solitarios, sin pláticas ni ruidos causados por los seres humanos; siempre me las ingeniaba para tener estos ratitos. Pero todo esto lo había perdido en los últimos años a causa del tumor y de los ataques de ansiedad que experimenté. El viaje me devolvió la tranquilidad y el gusto por los ratitos de soledad, fue un viaje que saboreé y aproveché para volver a disfrutar estar sin compañía y la necesidad ha desaparecido poco a poco junto con el miedo. Ahora entiendo que esos ataques fueron desatados por el terror a morir a causa de la enfermedad o las intervenciones. Mi mente se enfocó en la incapacidad de valerme por mí misma y en la fragilidad de mi pequeña persona en esta vida, y aunque siempre reconoceré que en todo momento existirá esta delgada línea entre vida y muerte, mis pensamientos se controlan cuando controlo el temor. Dicen que lo contrario al amor es el miedo, y cuando lo supero encuentro que todo lo que tengo y se presenta en el tiempo lo puedo visualizar como un apapacho del cielo. A esto me aferro para entrar en paz y equilibrio.

Pequeñas metas, grandes pasos

4 de abril de 2013

Cuando una idea se me presenta constantemente de diferentes maneras y en distintos momentos, considero que sería una pérdida dejarla pasar sin meditar cuál es el mensaje que la vida me intenta transmitir. Me he topado con la palabra felicidad continuamente, no sé sí se presentó con anterioridad pero a últimas fechas tiene toda mi atención. Todos buscamos ser felices y en nuestra búsqueda incansable nos esforzamos en ponernos metas, retos, quiero ser, tener, hacer, lograr, llegar... y en el proceso estamos tan concentrados por cumplirlos que nos olvidamos de vivir cada paso y saborearlo. Aprendimos a estar en la búsqueda de lo que no se tiene, en vez de disfrutar lo que la vida te regala en este preciso momento; nos preocupamos por lo poco que nos falta y dejamos de ver lo mucho que tenemos en las cosas sencillas. Y cuando me cuestionaron qué es lo que me hace feliz, respondo que fueron las pequeñas cosas; las que me hacen reír como las pláticas con mis hijos; cuando estoy tranquila y puedo tomarme mi té verde sin prisas; el cine, una cena o cualquier pretexto para tener a mi esposito sólo para mí; dormir cuando estoy cansada; escribir cuando estoy inspirada; los gritos de Lorea; leer la última página de un buen libro; sentirme fuerte después de hacer ejercicio; dejarme consentir; la emoción de empezar algo nuevo; la delicia de los desayunos en fin de semana (la verdad, cualquier día); identificarme con una plática entre mujeres; llegar puntual (ja, ja, qué rara); picarnos con una buena serie, en fin... Sólo basta con pensar en las sensaciones que éstos y muchos otros pequeños momentos me generan para reflexionar y decidir cómo vivir mis días. Hoy me estoy permitiendo concentrarme en los detalles de cada proceso, ser más consciente de ellos y disfrutarlos y saborearlos y sentirlos. Me encanta descubrir que la felicidad no se busca, no llega ni se encuentra, se escoge ser feliz. ¿Alguna vez te has cuestionando cuáles son las pequeñas cosas que realmente te hacen feliz? Gracias, Gaby, por hacerme pensar y analizarme en esta palabra.

Las primeras veces que me llamaron para platicarle mi historia a una persona que tenía un tumor de cerebro me encontraba en una sala rodeada por los familiares del paciente. Yo llevaba algún tiempo fuera de quimios con el pelo ya de regreso y con bastantes meses con una alimentación y hábitos muy sanos, que siempre ayudan a que mejore el aspecto de la piel y el brillo en los ojos. Conforme relataba mi historia fui escuchando muchos "Ya ves, hay que echarle ganas, todo es actitud", y yo con cada comentario me iba sintiendo incómoda al sentir que estaba creando una presión involuntaria. No deseaba ser la imagen que creara este concepto equivocado donde todo es más fácil de lo que se ve para los que no están experimentando en carne propia la enfermedad y los procedimientos médicos. Traté de hacerles entender, en ésta y en otras ocasiones que se volvió a repetir la misma situación, que yo llevaba muchos años en este proceso y recalcar que me costó mucho esfuerzo estar en las condiciones en que ellos me veían, mientras que su ser querido se encontraba en plena etapa de tratamientos y en los altibajos tanto físicos como emocionales. Desde entonces, cuando doy asesorías me gusta dejar en claro que todo toma tiempo y paciencia, y que los tiempos para cada persona son diferentes, muchas veces depende de lo resistente que es cada cuerpo para aguantar todo el veneno de los tratamientos y también de los cambios que un tumor, cáncer u operación genera en la parte física. Además está toda la carga emocional y mental. Lo que me ayudó a enfrentar de mejor manera todas las secuelas de esta experiencia fue dar pasos chiquitos; primero pensar que mi persona se conforma de un cuerpo físico donde influye la mente, las emociones, el espíritu, los hábitos alimenticios, ejercicio y actividades recreativas, además de todo lo que me rodea, tanto las personas importantes para mí como el momento, las posibilidades que tengo a mi alcance y el lugar donde me encuentro. Todas estas partes, que son el conjunto de lo que soy, necesitaban ajustarse para adaptarse a la nueva vida. Como ya lo he mencionado antes, fue un nuevo inicio y desde entonces considero que aunque mi esencia es la misma, existen dos personas: la precáncer y la postcáncer. Esta persona, Yoanna después del cáncer, necesitó crear cambios que le ayudaran a generar una química positiva dentro de su cuerpo para que su ADN funcione de manera correcta y fortalezca las defensas por si se escapa una célula con información incorrecta. A los bebés les toma mucho tiempo, constancia y esfuerzo poder realizar tareas que para los adultos no suelen ser tan complicadas como comer, hablar y caminar; pues de igual manera, para los que volvemos a empezar nos va a tomar tiempo recuperar salud, fuerza y estabilidad. Necesitamos pequeñas metas en todas las áreas para avanzar y recuperar la sensación de que los días siguen; pequeñas metas a corto plazo nos ayudan a pensar que existe un futuro; pequeños pasos contantes nos mostrarán que los esfuerzos que hicimos resultaron en grandes logros, y la satisfacción que los acompaña se vuelve dulce y potente para la salud de nuestro cuerpo físico.

Uno de los ejemplos más tangibles es el ejercicio. Yo perdí coordinación y fuerza del lado derecho de mi cuerpo debido a que el tumor se encontraba en el lado izquierdo del cerebro, que es el que maneja el lado derecho del cuerpo. Evidentemente a esto se le sumó el cansancio crónico que generan los tratamientos. Sabía que necesitaba moverme de alguna manera para recuperarme físicamente, así que empecé por caminatas. Una vez que mejoró la condición, pasé a pilates para fortalecer el músculo y seguí con clases de combat que me ayudaban a la coordinación para dar patadas y golpes al ritmo de la música; requería mucho esfuerzo mental pero conforme fui avanzando regresó la coordinación por lo menos al noventa por ciento de lo que tenía antes. No me detuve ahí sino que me dediqué a inscribirme a programas que involucraran coordinación, fortalecimiento y condición hasta que rebasé mis expectativas: terminé un medio maratón por primera vez y la fuerza que hoy tengo es mayor a lo que había logrado anteriormente; no sólo conseguí llegar a donde quería, sino que mi cuerpo me enseñó la capacidad que tiene para recuperarse y superarse si mantengo un esquema donde ponga metas alcanzables a corto plazo con esfuerzo y dedicación constante.

Son muchas las historias de personas que a partir de un evento su vida cambia, y por lo tanto sus rumbos tienen que encontrar un nuevo sentido para adaptarse a quienes son ahora, como lo es la historia de Alex Zanardi, que a mis hijos les encanta. Zanardi es un piloto italiano de Kart y Fórmula I que después de varios años como profesional consiguió quince victorias y veintiocho podios antes de sufrir un aparatoso accidente donde perdió ambas piernas. Después de su rehabilitación, no sólo regresó a ambas competencias automovilísticas, donde tuvieron que hacer adaptaciones a los autos para poder acelerar y frenar con el volante, sino que decidió aventurarse y entrenarse para participar en los juegos paralímpicos de Londres 2012 en ciclismo de mano donde ganó dos medallas de oro. Y como él, existen muchas historias similares de personas que sobrepasan las barreras, logrando recuperarse, incorporarse a sus antiguas pasiones, pero descubriendo nuevas que pudieron encontrar gracias a los incidentes que los movieron de su trayectoria, haciendo de ellos fuentes de inspiración. La autocompasión o autoderrota son obstáculos que nos impiden ver más allá de la tragedia y el dolor.

Que no se amontonen los pensamientos, fluye

5 de noviembre de 2012

21/33 radios 27/42 quimios. Hoy decidí no limitarme, alguien me dijo que más vale sobrase a no hacerse presente. Y como continuamente me pregunto si comparto demasiado para el gusto de muchos, mejor me expreso para la posibilidad de que mis palabras sean consuelo de uno; total, en este medio se tiene la libertad de apreciar o ignorar. En el aprendizaje que esta experiencia me ha regalado, encuentro que todos los que hemos pasado por tiempos difíciles llegamos a las mismas conclusiones, pensamientos y emociones. Nada de lo que pongo en papel y lápiz (o más bien, teclado y pantalla) es original, todo es copiado, porque el resultado de lo que soy hoy me fue dado al nacer y mis conocimientos han sido moldeados de todos los que se han cruzado en mi camino; soy el reflejo de lo que mis ojos ven y mis oídos han escuchado. Así que si descubren que me robe sus palabras, costumbre o cualidades, simplemente les hago honor a ellas. Pero lo que el día de hoy les quiero pedir es que no se limiten, por lo menos hacia mí, dejen la prudencia a un lado porque he descubierto que en sus palabras y conocimiento, mi mente y mi alma se hacen ricas.

Después de haber escrito este libro, tengo la sensación de que pasé esa época un poco sedada, como los caballos de pica en las corridas de toros que les limitan la vista con tapaojos para que no vean con claridad lo que está sucediendo, evitándoles descubrir por completo la amenaza que se les aproxima; les cubren el cuerpo con el peto para poder sobrevivir a las embestidas de la bestia, y ellos sienten únicamente el golpe y empuje, protegidos para no morir a causa del embate. Fue como si alguien me jalara mientras avanzaba contra la corriente para que no hiciera tanto esfuerzo y con los sentidos medio apagados. Quizá se trató de un mecanismo de defensa temporal, negación o ingenuidad porque una vez que terminó la época de procedimientos, fue cuando pude apreciar la crudeza de la vivencia; fue en ese momento cuando empecé a descubrir lo vulnerable que era; me sentía con las emociones disparadas en todas direcciones, agotada física, emocional y mentalmente.

Para la mayoría de las personas que me acompañaron, todo había concluido con buenos resultados, por lo que siguieron con sus actividades normales; pero en mi casa existía una resaca fuerte que trajo inestabilidad en muchas áreas. Creo que se debió a que Pablo y yo tratamos de reintegrarnos a nuestras actividades y responsabilidades con personalidades, ideales y necesidades diferentes, y en muchos aspectos opuestas. En nuestro caso, fuimos muy buenos dando pasos en medio del huracán, nos mantuvimos en el ojo, donde todo parece estar en calma, pero una vez que pasó pude ver con claridad el efecto devastador que dejó en todo lo que tocó. Como cualquier desastre natural que destruye lo construido, intentas levantar y edificar algo nuevo a partir de la ruina. A lo mejor suena un poco exagerado, pero es la mejor manera en que puedo explicar la profundidad de la sacudida que tiró a la basura todos mis ideales, creencias, modo de vivir y actuar; cualquier ideología que adopté desde la niñez, la juventud y hasta la adultez perdieron sus cimientos y tuve que construir sobre nuevos, que se descubrieron una vez que terminó el huracán. Lo que quiero dar a entender es que aunque me considero una persona fuerte que nació o aprendió a enfrentar las adversidades con un poco más de objetividad, ocupándome y no preocupándome, la inestabilidad emocional me alcanzó en algún momento porque no me di el tiempo de procesar la información y pensamientos que se fueron acumulando por estar activamente en mis trámites médicos y en la prisa de terminarlos lo más pronto posible. Una vez concluidos, fue cuando me enfrenté a mis miedos y emociones descontroladas. Era chistoso saberme voluble, intolerante y muy prejuiciosa, porque lo notaba y lo observaba pero no lograba controlarlo, como lo hacía antes. Con el tiempo he analizado que viví una época de pensamientos intensos, algunos tóxicos y otros enfocados en soluciones temporales para definir el camino médico que creíamos era el mejor para mí. Este mecanismo bloqueó el flujo de pensamientos que salieron como el estallido de una bomba en cuanto encontraron un segundito de falta de actividad mental. En el momento en que ya no había planes o tratamientos que marcaban el curso a seguir, fue cuando ya no sabía qué hacer con el tiempo, ya no había una rutina que seguir ni metas a alcanzar; había responsabilidades, pero no sueños ni planes. Ya no sabía quién era ni qué quería hacer con esta nueva vida. Me gustaba y anhelaba descubrirla, pero mi mente seguía en caos y necesitaba reacomodar todo para empezar con el pie derecho. Y me tomó años, y mucha introspección. He tenido que soltarme para poder fluir. Caminar sin rumbo no es fácil pero ha sido necesario para volver a trazar un destino distinto al que pinta mi imaginación. Ahora cuento con la certeza de que todo es posible si me dejo llevar, obligando a mi mente a dejar la necesidad del control; tomo el timón, pero permito que el viento marque la dirección. De nada me sirve llenar mi cabeza y tiempo de planes que no sé si pueda cumplir. Con esto no quiero decir que viva mi vida sin proyectos ni metas, sino que éstos pueden moldearse y cambiar de rumbo en cualquier momento, y yo tener la disposición de adaptarme.

8 de mayo de 2013

No saben la cantidad de ideas que pasan por mi mente. Soy de esas personas que desde chiquita me daban de comer a cucharadas el éxito, hacer cosas grandes, ser LA mejor en todo lo que haces. Es más, se esperaba que fuera varón para repetir patrones de vida, pero resulté ser la segunda mujer en mi familia. Así que, por qué no, agréguenle a la ecuación LA mejor esposa, LA mejor mamá y de alguna milagrosa forma una súper ejecutiva o empresaria… Que quede claro que no me gusta responsabilizar a nadie de todo lo que permito que me domine. Hace mucho, mucho tiempo descubrí que soy la única culpable o responsable de mi destino, nací en un cuerpo con un ADN específico que se desarrolló en una familia con una educación y costumbres, que además se presentaron circunstancias y momentos donde la única persona que tenía el volante en las manos para decidir qué camino tomar y con qué actitud tomarlo era YO. Para muchos éste no es un gran descubrimiento, pero para mí es algo que me ha ayudado en los momentos más difíciles de mi vida. Y también en los no tan complicados, regreso continuamente a analizar qué hice o qué podría hacer para mejorar ciertas situaciones que me incomodan y poder seguir caminando tranquila y en paz; no me gustan los conflictos. Si ya lograste tomar una decisión vívela con sus cosas buenas y malas, pero de la mejor manera que puedas.

Con mi mente revoltosa y que nunca se cansa de tener ideas es con la que he vivido durante mi vida profesional, o sea, ninguna. Primero soñaba desde muy chiquita en que sería cantante pero hubo una personita en mi vida que me hizo imposible alcanzar esa meta y además tuvo la suerte de que conociera a Pablo justo en el momento preciso en que ya no podía ponerme obstáculos. Cuando estaba en un grupo grabando demos y visitando disqueras, él me preguntó si me esperaba para irnos juntos a estudiar o se iba sólo... Me casé y nos fuimos a vivir ¡a Australia! Obvio, ésa no me la podía perder, fue una de las mejores épocas de mi vida.

Estudié producción de teatro y organización de eventos y después de trabajar un poco en esta área descubrí una nueva pasión, pero para una mujer casada que quiere tener hijos estaba un poco complicado viajar y trabajar en fines de semana, así que se me ocurrió, por qué no, hacer una línea de maquillaje. NADA que ver, ni sabía cómo se hacen, pero lo logramos, hicimos toda una línea completa para jóvenes. Mientras, tuve a Iñaki que desde los quince días me acompañaba a trabajar (pobrecito), y me volví a embarazar. Y fue justo en ese momento –la línea Yooi ya estaba lista y empezando a venderse, Iñaki de un año, yo con un mes de embarazo de Mikel– cuando me dijeron que mi niño no iba a poder leer ni escribir ni manejar debido a un parásito que tuve durante su embarazo, que dañó sus ojos y que el bebé en camino corría con los mismos riesgos o aun peores, en el oído o el cerebro; todo por un mugriento bichito. Pero Diosito me regaló una pareja de amigos de Pablo y míos, dos pares de brazos que me encontré afuera del consultorio después de mis primeras lágrimas de miedo causadas por un diagnóstico médico; nunca lo olvidaré. Un embarazo turbulento y sin importar cuál sería el resultado, no cabía la posibilidad de perdernos el hermoso regalo: Mikel.

Así que empezó la vida interminable de doctores para Iñaki y para mí, y la inevitable caída de mi primer negocio, pues además mi hermosa socia se encontraba en situaciones similares a las mías, con bebé y doctores.

(Iñaki está muy bien, es perfeccionista, así que escribe muy bonito, ja, ja; ya empieza a leer, todo el tiempo lee letreros y empezó a manejar a los dos años su cochecito eléctrico que nunca choca; quiere ser piloto de Fórmula uno. Mikel nació perfecto: ojos, oídos y cerebro.)

Después de mi segundo hijo me subí al barco con mi hermana y decidimos empezar una línea de muebles y accesorios para niños. Ella es diseñadora de interiores (muy buena, por cierto, para los que estén interesados, ja, ja). Íbamos por buen camino: tres socias, nada de inventarios interminables, cero inversión y los clientes venían solos. Pero me llegó la noticia del tumor, seguida por la primera operación en 2010 que me detuvo por un tiempo, y al intentar regresar a trabajar, los efectos secundarios de la operación (memoria corta afectada, coordinación y cambios emocionales) me obligaron a detenerme nuevamente y a cuestionarme si era un buen momento para regresar. Así que la dejé volar solita. Mi hermana estaba lista para hacer muchas cosas que a mí no me daba la vida ni la mente para hacer.

Y regresaron las ideas a rondar por la cabeza demasiado pronto. Ni les cuento de qué trataban porque no tenían nada que ver una con la otra, pero el chiste era comenzar un GRAN algo, y todo en conjunto con una familia con tres hijos y, claro, la construcción de la casa. Así que TODO al mismo tiempo, lo quería todo.

Gracias a Dios que él encontró la manera perfecta de calmar las ideas y cambiarlas por preguntas: ¿por qué la necesidad continua de buscar hacer algo grande? ¿Por qué alimentar los pensamientos del futuro constantemente? ¿Quién dijo que tenía que ser o hacer? Nunca he sido de esas personas que necesitan todo, ¿en qué momento me compré esa idea?

Este paréntesis, descanso o despertar de mi vida me ha permitido respirar y hacerlo muy profundo. En estos momentos y el día de hoy me encuentro escribiendo y disfrutándolo, tranquila, con la mente aún llena de ideas, pero que no comenzaron con una meta, nada específico, las letras se escriben solas y las posibilidades se presentan sin buscarlas. Encontré una nueva pasión por cuidar de mi salud y la de mi familia. Estoy estudiando nutrición integral, con la meta de mejorar día a día y encontrar un esquema de vida que me permita alargar los años y dejar atrás las intervenciones y tratamientos. Pero confieso que esa mugrienta vocecita quiere salir a cada ratito y tengo que apagarla continuamente, pues luego, luego ve nuevas oportunidades. Para mí ha sido mejor dar pasos pequeños, consciente de las circunstancias y posibilidades del momento, sin tener la mente concentrada en grandes metas finales y futuristas, sino en el presente, pero sobre todo aceptando y gozando mi realidad..

Un nuevo cuerpo

Mi cuerpo es una máquina inteligente que está diseñada de una manera específica. Al igual que un auto, para que se encienda y avance, necesita gasolina y para que se mantenga en buen estado, un buen mantenimiento. Para mí, la gasolina es el aire, la comida y el agua, todo esto ayuda a que mi cuerpo lo transforme en energía para funcionar adecuadamente y el mantenimiento es encontrar buenos hábitos y ejercicio para conservarlo en forma el mayor tiempo posible. En todo mi proceso recibí información que me compartían muchas personas y, como lo menciono en capítulos anteriores, el equilibrio siempre ha sido la mejor opción que he encontrado: ni mucho ni poco, no todos los días ni nunca, y si algo se vuelve monótono, siempre hay maneras de encontrar una forma más creativa o simplemente descansar por un tiempo para aplicarlo de nuevo. Mi cuerpo es quien marca cuánto y mi oído interno debe estar muy atento para entender qué es lo que necesita. El dolor, la inflamación, el cansancio, las alergias, la falta de sueño, el estado de ánimo y cualquier enfermedad es la manera en que mi cuerpo intenta comunicarme algo, así que pongo atención a lo que me quiere decir, analizo y busco una solución. También entiendo que algo hice bien cuando tengo energía, estoy alegre, sana y veo lo fuerte que puede ser mi cuerpo para lograr cambios que antes no percibía. Pongo atención a lo malo para encontrar solución y a lo bueno para que forme parte de mi rutina.

Las personas pasamos por muchas etapas y cada una viene acompañada por necesidades variables, por esto creo que los buenos hábitos se van renovando y cambiando de acuerdo con cada época que vivo. Tengo un hueco en la parte de atrás del cerebro que me recuerda en cada MRI (resonancia magnética) lo importante que es escucharme desde el amanecer hasta el anochecer; incluso al dormir, necesito descansar para reponerme y regenerarme y a partir del despertar estar atenta a lo que requiere el día y la etapa en la que me encuentro. A mi edad, todavía tengo un largo camino por recorrer, y si quiero una buena vejez, cuenta cada momento y decisión que tomo. Nunca es tarde para empezar algo nuevo y cambiar mis malas costumbres, nunca es tarde para aprender y aventarme a hacer lo que siempre he querido hacer. Amarás a los demás como a ti mismo, así que quiérete y cuídate para querer y cuidar una larga vida.

Prevenir y curar

Uno de los primeros pasos que di después o mientras los doctores quitaban la parte dañada de mi cerebro con operaciones y la torturaron un rato con tratamientos −para alargar las estadísticas médicas del tiempo que a un tumor cerebral le toma para que vuelva a crecer− fue mi alimentación. La comida fue el primer tema que decidí investigar y cambiar. Necesitaba sentir que podía controlar algo y no estaba dispuesta a conformarme con la única idea de quitar el problema cada vez que apareciera, le aposté a las palabras *prevenir* y *curar*. Al entender que el azúcar alimentaba las células cancerosas, la limité poco a poco y logré eliminarla casi por completo. Ahora mis fuentes de azúcar son frutas y verduras, granos enteros y a veces miel de abeja. Más adelante explicaré con mayor detalle mi esquema de alimentación. Aunque ocasionalmente me doy mis lujitos, encontré esta regla que me gustó: cuidarme el 90% del tiempo y darme un 10% de chance. Ese pequeño porcentaje me permite no ser tan rígida y no estresarme con tanta limitación, pues el estrés también perjudica, y me da el equilibrio que evita la ansiedad.

No quiero decir dieta, ése es un concepto que considero complicado y desgastante, así que busqué la manera de nutrir mi cuerpo, darle lo que necesitaba para sanar y, poco a poco, desconectarme de las cosas que le hacen daño sin grandes esfuerzos, *baby steps*. Lo ideal fue incorporar alimentos naturales (verduras, frutas, nueces, semillas, granos enteros) que no consumía normalmente o tan continuamente y que fueron sustituyendo a los procesados (azúcar y harinas blancas, colorantes y saborizantes artificiales, químicos y cualquier ingrediente que no entendía). Mi alacena fue cambiando en el lapso de un año y para finales de 2013 logré una alimentación limpia, natural y sana para mi cuerpo. Otro esquema que propongo a las personas que me cuestionan cómo incluir alimentos que no conocen y que me ha funcionado cuando quiero añadir algún alimento nuevo en la cocina, es primero buscar en internet alguna receta (a veces dos, ya sea para el desayuno, snack o la comida) que contenga ese ingrediente, lo anoto en la lista del súper de la semana y programo el día de la semana que voy a probar esa receta. Me ha funcionado muy bien para incluir diferentes ingredientes y con el tiempo he aprendido lo que le gusta a mi paladar y generalmente voy adaptando las recetas a mi gusto. Cuando me encuentro con recetas que tienen ingredientes que no debo consumir, los cambio por las opciones que son buenas para mi salud.

Mi alimentación es preventiva y me gusta definirla como *nutrición anticáncer, antiinflamatoria, antioxidante* e *inmunoestimulante*. Estas cuatro características son las que siempre me acompañan en la forma en que elijo una receta tanto en mi casa como fuera de ella. Con el tiempo he encontrado que la solución para combatir o prevenir el cáncer no proviene de un alimento aislado sino de la combinación de alimentos naturales que provienen de la tierra y que me brindan una variedad interminable de beneficios y nutrientes para fortalecer mi cuerpo. Mis comidas deben ser variadas y contener los macro y micronutrientes que puedo obtener de la naturaleza. Nos encanta salir a desayunar, comer y cenar, así que jamás limitaré mis actividades con mi marido, mucho menos los viajes. Esos momentos son para convivir con las personas que queremos y generalmente la comida siempre está involucrada en esas ocasiones que destinamos para platicar y disfrutar de los placeres de la vida. Sin embargo, soy consciente de mi condición y me adapto, no me gusta complicarle las cosas a los demás con mis elecciones de alimentación, así que siempre es bueno decidir cuándo es buen momento para saltarme las reglas. Con el tiempo he sentido que cada vez es más fácil, la sociedad empieza a ser más exigente en su manera de comer, por lo que los restaurantes y la industria de alimentos naturales cada vez ofrecen más opciones que cuando empecé en 2012. Estoy segura de que con el tiempo se irá incrementando, será más fácil hacer un súper saludable y tengo la esperanza de que los productos orgánicos serán más accesibles.

Medicina para el cuerpo

21 de mayo de 2013

¡Empecé mi quimio! ¡Yeeeeeeiiiiii! Tal vez pensarán: qué extraña que se emociona por haber logrado subir sus defensas para volver a tomarse sus little fucking bastards y bajarlas otra vez. Bueno, bueno, es un paso hacia adelante para llegar a la meta de esta racha y, como toda carrera, al final hay que darle con todo, pero de verdad con todo, para lograr el mejor cierre, así que empiezo a apretar el paso en este penúltimo ciclo.

Después de haber estado un poquitín frustrada por atrasar la quimio una semana, lo aproveché para experimentar. Fue una buena oportunidad para ver en el papel si realmente todo el esfuerzo que le he dedicado a mi alimentación con la mezcla de tanta teoría, un poquito de ésta y un poquito de aquella, aplicada a mi manera y para mis necesidades, de verdad me servía. Llevaba varios días saliéndome por completo de mi nutrición, me tomé un brake de las exigencias, me relajé y, además, estuve de viaje. Así que regresé a comer postres, papas, pastas, porquerías, copitas no tan limitadas, azúcar, quesos... y pues evidentemente los resultados de laboratorio del lunes salieron de la patada. Lo bueno es que para todo hay una solución. Me enfoqué únicamente en cuatro días, empezando el lunes, a reposar y experimentar en la cocina con toda la investigación que he podido hacer en alimentos que inhiben el crecimiento del cáncer y fortalecen el sistema inmunológico. Claro que ha sido un tema muy interesante para mí y, aunque no lo crean, disfruto mucho este cambio de alimentación o, como muchos le dicen, "dieta". No es un término que me gusta aplicar porque la palabra la percibo como negativa y como me compré las teorías positivas, le buscamos un mejor término: NUTRICIÓN. Algunas personas me podrían llamar extremista, pero considerando que mi situación sí es extremista, se vale.

Y como siempre, las cosas ya estaban acomodadas. En mi viajecito, hace unas semanas, me pasé horas en mi nueva tienda favorita (Wholefoods), y por primera vez en la historia de mi vida regresé con la maleta llena, pero de comida (nada de ropa nueva, increíble, pero cierto), así que "casualmente" los alimentos que necesitaba para subir defensas ya estaban listos en mi despensa. Para el viernes que volví a repetir el estudio de sangre, TODOS mis niveles habían subido. Para mí fue todo un triunfo (ja, ja), me comprobé que mis locuras no estaban tan locas, mi tiempo invertido en el tema de la comida valió la pena y lo demostré científicamente. Para mí es un descanso cada vez que le encuentro una razón y un motivo a las pequeñas malas noticias, porque las grandes me llenan de esperanza.

Existe una sensación de certeza cuando empiezas un camino que te va diciendo que vas por el correcto, se siente con el corazón, hay una alegría o pasión que brota y te motiva a continuar por él. En la mente las ideas se acomodan solitas. Ésa es la paz, porque la duda no encuentra lugar. Las piezas se alistan y los momentos se hacen presentes para que puedas descubrirlos, pero necesitas abrir bien los sentidos para que todo lo que veas, escuches, respires, saborees y toques te permitan descifrar el mensaje que, para mi Dios y para los que se niegan, la vida, la luz, la energía o la explicación que quieran inventarse, te hagan saber que todo está bien y que donde te encuentras caminando es exactamente la ruta que te correspondía recorrer.

Cuento con sus oraciones para ésta mi penúltima semana de quimio y de antemano: ¡GRACIAS!

Cuando le damos alimentos naturales, el cuerpo entiende qué debe hacer y a dónde debe llevar cada nutriente. Cuando le das alimentos procesados, no los reconoce y los cataloga como toxinas, algunas las logra eliminar pero cuando éstas son excedentes no logra eliminarlas por completo y las almacena. ¿Dónde y cómo? En forma de grasa y mucosa, por eso se desatan muchas gripas, alergias, inflamaciones, obesidad, cansancio, dolores y, desgraciadamente, enfermedades crónicas. Mi manera de entender y ser clara en mis elecciones es tener en mente que lo que entra por mi boca es información, moléculas con diferentes estructuras que se ensamblan de manera correcta con mis células, como un rompecabezas; y que cuando esta información entre y viaje por mi cuerpo, encuentre el lugar perfecto donde encajar para que todo funcione y mi cuerpo esté en orden. Las toxinas son información que no cabe ni se amolda, por eso en vez de reforzar y complementar, cambia el orden de nuestra célula y la hace funcionar de manera diferente a la que debe, tornando todo en un caos. Muchas personas que hemos pasado por esta enfermedad vemos los alimentos como medicina para el cuerpo; las operaciones y tratamientos se encargan de eliminar el síntoma o resultado, mas no se ocupan de resolver el origen; en cambio, los alimentos y los buenos hábitos se encargan de eliminar las causas que originaron el cáncer revirtiendo la información de las células de cáncer o llevándolas a suicidarse. Una buena alimentación ayuda a que el cuerpo vuelva a funcionar de manera correcta. Hay que tener en cuenta que todas las enfermedades son la manera en que el cuerpo te avisa que algo está mal por dentro: los síntomas que aparecen –como los tumores y enfermedades que no son generados por virus o bacterias– son el resultado de malas decisiones, malos hábitos y de no cuidarnos por un largo periodo. Al cáncer le toma mucho tiempo desarrollarse dentro del cuerpo y es después de varios años cuando los síntomas o los aparatos médicos pueden descubrir la enfermedad.

Quiero resaltar que la famosa frase "soy lo que como" resulta ser totalmente verdadera, y la hemos escuchado muchas veces sobre todo últimamente. Es muy fácil de explicar: cada mordida que recorre nuestro aparato digestivo, al ser digerida en el estómago por los jugos gástricos, termina en el intestino delgado; a través de sus paredes, los nutrientes son trasladados a la sangre para formar parte de ella. La sangre circula por todo el cuerpo llevando los nutrientes esenciales para formar nuestros órganos, alimentar el cerebro y las células y ayuda a generar todas las funciones de nuestros órganos. Nuestro cuerpo cuenta con algunos órganos para la eliminación de desechos y sustancias tóxicas que encontramos en el aire y los alimentos, además de todo lo que toca nuestra piel; uno de ellos es el hígado que, además de cumplir con varias funciones indispensables para nuestra salud, elimina sustancias químicas y metaboliza las toxinas para eliminarlas a través de las bilis, por ello es importante limitar el consumo de medicamentos, alcohol y el exceso de proteínas para mejorar su funcionamiento; después los riñones desechan las toxinas por medio de la orina, por lo que es bueno tomar suficientes líquidos durante el día. El sistema linfático desempeña un papel importante en cuanto a nuestras defensas, además de que ayuda a reconocer sustancias extrañas, infecciones y gérmenes; y por último, la piel –el órgano más grande de nuestro cuerpo– elimina químicos y sustancias tóxicas a través del sudor. Estos cuatro órganos (hígado, riñones, sistema linfático y piel) tienen una capacidad increíble para deshacerse de todo lo que no le sirve al cuerpo; sin embargo, en los últimos años ha sido tanto el exceso de sustancias no gratas para nuestras máquinas que rebasa su capacidad y terminan siendo almacenadas causando muchos problemas a nuestra salud.

Una de las maneras para saber si un producto contiene sustancias que nos intoxican es leyendo la etiqueta de los INGREDIENTES que aparece en letras diminutas. Debo confesar que las primeras veces que fui al súper me tardé horas en cada pasillo checando etiquetas, y cuando lo he recomendado hay veces que me quieren ahorcar. El proceso de tachar productos procesados de mi lista termina después de tres o cuatro visitas, después se vuelve más rápido, cuando sólo tengo que leer etiquetas de productos nuevos que quiero sumar a mi alimentación. Si la lista de ingredientes es interminable y no entiendo el 90% por ciento de ellos quiere decir que es un producto muy procesado. Es muy fácil buscar en internet esos nombres complicados que generalmente son sustancias creadas en un laboratorio para acentuar el sabor, mejorar el olor y el tiempo de vida en las repisas; toda la información de contraindicaciones de estas nuevas sustancias está a nuestro alcance. Muchos se preguntarán por qué lo permiten las entidades gubernamentales o la famosa FDA (Administración de Alimentos y Medicamentos, por sus siglas en inglés). Por lo que he investigado, muchos llegan a la conclusión que se debe a que ha sido muy difícil demostrar con estudios basados en un número representativo de personas afectadas, pues generalmente se han realizado en animales, lo que ha facilitado que estas instituciones los desacrediten y permitan su uso para nuestro consumo. Debemos entender que las compañías crecen y se alimentan de dinero; ellas buscan generar más con producciones masivas de bajo costo para incrementar sus utilidades y esto ha redundado en ofrecer productos con ingredientes económicos de mala calidad y carentes de todo lo que nuestras células necesitan, La industria alimentaria ha sido muy buena en inventarse maneras para darle gusto al ojo, olfato y paladar, pero se despreocupa de la salud de las células, que es lo más importante para nosotros. Alguna vez le pregunté a uno de mis médicos si la causa de tantos tumores cerebrales en los últimos años, sobre todo los que se encuentran cercanos a los oídos, es el uso excesivo del celular; su respuesta fue que para llegar a esa conclusión tendríamos que esperar por lo menos veinte años para que los estudios puedan demostrarlo. Algunas personas no podemos esperar tanto tiempo para descubrir si algún nuevo invento, tanto en alimentos como herramientas, es o no es culpable de ciertas enfermedades, no quiero vivir en pánico total de que nada puedo o nada debo, pero a veces son decisiones que tomamos más por intuición, sobre todo cuando el problema ya lo estás enfrentando. Yo digo que para ciertas cosas es mejor hacerle caso a la frase *Back to basics*, como en el caso de mi alimentación.

Una buena alimentación enfocada en este padecimiento es el mejor complemento para las personas que deciden recibir tratamientos médicos. Se ha encontrado que nutrir el cuerpo y contemplar los alimentos como medicina protege al paciente de los efectos de las quimios y radiaciones, contribuye a la destrucción de las células de cáncer y protege a las células sanas; en otras palabras, las toxinas de los tratamientos se enfocan en las células cancerígenas porque las nuestras se nutren y fortalecen con cada bocado, además de ayudar a la recuperación de los daños que dejan los tratamientos una vez que terminaron. Recuerdo que cuando estaba en la segunda etapa de quimioterapias, me tomaba la quimio por cinco días y después descansaba tres semanas para recuperarme y volver a tomar la quimio; me hacían un estudio de sangre para ver si se habían recuperado las defensas y definir si me permitían continuar con el siguiente ciclo de cinco días de quimios que cada vez aumentaban en potencia. Estos ciclos los repetí seis veces y, claro, que conforme avanzaba me iban golpeando cada vez más. A los tres meses de esta dinámica realicé un viaje y decidí romper mi alimentación por completo media semana; comí y bebí todo lo que no debía mañana, tarde y noche. Cuando regresé a México para hacerme mi estudio general de sangre, la neurooncóloga me retrasó las quimios porque mis defensas estaban muy bajas y la mayoría de los niveles también. Me puse las pilas y me alineé en mis hábitos del lunes al viernes que me pidieron repetir los estudios. En ese breve periodo no sólo recuperé mis defensas, sino entré en todos los niveles normales. Para mí fue la mejor prueba para demostrarme lo importante que era mantenerme en el esquema de alimentación que había adoptado para combatir el cáncer: si mis defensas estaban fuertes, contaba con las municiones necesarias para atacar.

Mis reglas básicas contra cáncer

Lo principal en mi lista de súper son verduras, muchas y de todos los colores; después las frutas, me enfoco más en las de menor contenido de azúcar, aunque también las coma de vez en cuando por las propiedades nutricionales que contienen; les siguen las leguminosas, los granos enteros, las nueces y semillas; y, por último, la proteína animal que es donde más exigente soy en cuanto a su calidad, que sin duda debe ser de origen orgánico. Lo que he observado es que cuando voy al súper empiezo por el área de verduras y frutas, recorro dos o tres pasillos donde están los productos orgánicos y granos enteros, me salto cuatro, o cinco y hasta seis pasillos donde están todos los alimentos procesados, que no me sirven y termino en la zona de proteína animal. Me he vuelto muy rápida para comprar mi súper semanal porque no recorro todos los pasillos, sino me mantengo en la periferia. En mi casa, la alacena nos queda un poco grande, hay pocas cajas, nada enlatado, algunos frascos con especies y hierbas, muchas bolsas de granos enteros y leguminosas, pero el refri normalmente está retacado de verde y colores brillantes de la cantidad de vegetales y frutas que consumimos.

Así como tengo mis reglas para incluir nuevos hábitos, he creado mis reglas de alimentación. Las he adoptado de la investigación que he hecho en los últimos tres años de recomendaciones de médicos que se dedican a la alimentación para pacientes con cáncer, personas que han perdido a seres queridos por esta enfermedad y que se dedican a recopilar y difundir la información dispersa por todo el mundo de tratamientos no invasivos, y más que nada de sobrevivientes de cáncer que llevan muchos años en remisión total.

Todos ellos tienen esquemas muy parecidos y algunos crean programas específicos de acuerdo con cada tipo de cáncer. Mi esquema es más general para todo tipo de cáncer. Considero que es un buen comienzo en la práctica para encontrar o mantenerse con salud y lejos de regresiones a través de la alimentación.

CONSUMIR MUCHOS ALIMENTOS QUE DISMINUYEN
EL RIESGO DE CÁNCER:

- Vegetales
- Frutas
- Fibra
- Pescado
- Grasas buenas
- Leguminosas
- Nueces
- Semillas
- Granos enteros
- Agua
- Jugos verdes

ELIMINAR O DISMINUIR ALIMENTOS QUE AUMENTAN
EL RIESGO DE CÁNCER:

- Carnes
- Grasas saturadas
- Lácteos

- Azúcar refinada
- Harina refinada
- Alimentos procesados
- Alcohol
- Refrescos
- Embutidos (que contienen nitrito y nitrato de sodio)
- Ahumados (que contienen nitrito y nitrato de sodio)
- Endulzantes artificiales
- Alimentos light o de dieta
- Pesticidas y fertilizantes
- Transgénicos (GMO)

Reducir el consumo de azúcar

Las células de cáncer metabolizan el azúcar de diez a cincuenta veces más rápido que una célula sana, esto quiere decir que se alimenta de glucosa. Cualquier alimento que al consumirlo se transforma en glucosa se recomienda eliminarlo o reducirlo; yo quité por completo cualquier alimento que contenga azúcar proveniente de la caña de azúcar (jugo evaporado de caña, piloncillo, mascabado, azúcar morena y sobre todo la blanca, sacarosa o azúcar de mesa, que es la más procesada). En cuanto a los alimentos naturales que contienen azúcar como algunas verduras, frutas, leguminosas y granos enteros, son necesarios porque necesitamos niveles controlados de glucosa para alimentar el cerebro y generar energía. Son parte importante de mi alimentación, ya que al contener fibra, ayudan a regular la glucosa porque al cuerpo le toma más tiempo digerirlos.

Las harinas procesadas son otro tipo de alimento que se convierten rápidamente en glucosa, porque en el proceso le quitan la fibra, que es lo que evita los picos de glucosa al momento de digerirlos; también las descarté de mi alimentación y lo explicaré más adelante.

De preferencia de índice glicémico bajo

El índice glicémico es una medida que me ayudó a descubrir qué frutas, granos enteros y, en su caso, qué verduras que contienen azúcar pueden ser las mejores opciones para mi caso. Este sistema marca en una escala de 0 a 100, siendo el azúcar de caña el comparativo más alto, qué tanto y tan rápido un carbohidrato (azúcar, fruta, verdura y granos entero) eleva los niveles de glucosa en mi sangre. Mi mejor opción sería todo alimento bajo en índice glicémico, menos de 60 para ser más exacta; esto hace que descarte todo lo que se considera –según esta escala de medida– que tenga un índice glicémico alto que se asemeja al azúcar. Para ser más clara, en cuanto a frutas, mi enfoque son manzana, pera, frutos rojos, kiwi, durazno, ciruela, pero eso no quiere decir que a veces me incline por el plátano, mango, piña, uvas o sandía. En cuanto a las verduras, la gran mayoría está en rango 0 o muy cerca, menos zanahoria, betabel, elote, chícharo, camote, que son mayores sus beneficios y al contener fibra se absorben de manera más lenta; la papa sería la única que consumo en pocas ocasiones y definitivamente con cáscara, para no digerirla tan rápido. En relación con los granos enteros, mientras contengan todas sus partes los consumo casi todos y trato de inclinarme más por los que no contienen gluten que serían arroz, maíz, amaranto, quinoa y mijo.

Por ningún motivo endulzantes artificiales

Éstos son los más peligrosos para mi gusto, endulzan mucho más que el azúcar común. La mayoría tiene un índice glicémico muy bajo, razón por la que la industria abusa de ellos y son utilizados en cualquier tipo de alimentos, por ejemplo, casi todos los chicles contienen alguno al igual que los productos light, de dieta o bajos en azúcar. Aunque pudiera parecer que tienen muchos beneficios, se ha comprobado que están ligados a diferentes padecimientos. Así, se ha encontrado que el jarabe de maíz de alta fructosa −obtenido del almidón o fécula de maíz, que se utiliza para endulzar refrescos y alimentos procesados− afecta los niveles de las hormonas que regulan el apetito como la insulina, leptina y grelina, y trae como consecuencia problemas de obesidad, aumenta el nivel de grasa visceral y grasa en el hígado que está ligado a enfermedades cardiacas y diabetes, así como caries dental. Existen edulcorantes artificiales que se han estudiado en ratas y han dado como resultado diferentes tipos de cáncer: la sacarina provoca cáncer de vejiga; el aspartame, tumores cerebrales y del sistema nervioso central, linfomas y leucemias; la sucralosa, leucemia y afecciones del intestino al reducir bacterias beneficiosas que forman parte importante de nuestros mecanismos de defensa; el ciclamato potencializa el efecto de sustancias cancerígena; y un estudio encontró residuos de acesulfame de potasio en leche materna. La mayoría han sido ligados a padecimientos como dolores de cabeza, migrañas, Alzheimer y tumores cerebrales.

Guácala los embutidos, sin duda prohibidos

Seguramente muchos conocen el desagradable proceso de su elaboración antes de ser empacados, pero yo quisiera informarles más
bien acerca de los riesgos relacionados con la salud. Recientemente la Organización Mundial de la Salud (OMS) sacó a la luz la relación entre el consumo continuo de estos productos y el cáncer; lo
suma a la lista de las sustancias más peligrosas para el ser humano.
La OMS cataloga la carne procesada con riesgo de cáncer cualquier
tipo de carne que ha sido transformada con sal, curación, fermen-
tación, ahumado para mejorar el sabor y preservarlo. Las salchichas, jamón, tocino, algunas hamburguesas y la gran mayoría de los
embutidos que encontramos en el mercado —ya sea de carne roja o
blanca— contienen sustancias químicas para conservarlos que son
cancerígenas; éstas se llaman nitrito y nitrato de sodio. Si los ves
en la lista de ingredientes, no compres ese producto, incluso los encuentras en algunos pescados ahumados. En mi casa ya no existen,
me dediqué por un largo periodo a revisar arduamente todos los ja-
mones y salchichas de pavo y cerdo del súper y, créeme, no encontré
ninguno que no los tuviera en las marcas más conocidas, únicamente en tiendas orgánicas, pero a mis hijos definitivamente no les gustó el sabor.

Cuestiono los lácteos

Para muchas personas es una de las eliminaciones más difíciles de
una dieta, pero primero quiero poner en la mesa las recomendaciones

de los médicos. Cuando nos presentamos a consulta con padecimientos como alergias, intolerancias, inflamación, problemas gastrointestinales, dificultades respiratorias e inclusive problemas del corazón, lo primero que te quitan son los lácteos por un periodo o hasta que se elimine el padecimiento. Las razones son varias. Primero tendríamos que entender que los lácteos generan mucosa tanto en el aparato respiratorio como en el digestivo, y por su alto contenido en grasas saturadas se relacionan mucho con padecimientos cardiacos. En la mucosa se almacenan los residuos tóxicos del cuerpo; además de entorpecer la digestión al limitar su capacidad para absorber nutrientes, tomemos en cuenta que una parte importante de nuestras defensas se encuentra en nuestro aparato digestivo, algunos le llaman el segundo cerebro, por lo tanto lo necesitamos sano. En los últimos años se ha encontrado un porcentaje alto de personas que son intolerantes a la caseína (proteína de la leche) porque no tienen las enzimas necesarias para digerirla.

La leche de vaca está hecha para el becerro que, a diferencia del humano, tarda mucho menos tiempo en pararse, caminar y crecer, por lo que su alimento debe cumplir con características adecuadas a sus necesidades completamente diferentes a las de un bebé, por esta razón la leche de vaca contiene hormona de crecimiento, y algunos estudios han comprobado que esta hormona es una de las posibles causas de algunos tipos de cáncer. Muchas culturas occidentales consumen exceso de lácteos, como la nuestra, por la variedad de presentaciones (leche, yogur, queso, crema). En la actualidad el mayor problema reside en la calidad de la leche con la que se producen estos alimentos, que con el tiempo ha cambiado por la cantidad de antibióticos, nutrición inadecuada y maltrato que se le da al animal. Las granjas industriales, para economizar, los alimentan a base de granos, quienes al no pastar y alimentarse de manera adecuada, generan un desequilibrio en su carne y en su leche, y como consecuencia inflamación en nuestro cuerpo, lo que puede dar inicio a diversas enfermedades crónicas, incluyendo el cáncer.

De preferencia orgánico, sobre todo en proteína animal

El término orgánico no es una moda, es el método que se utilizó por miles de años. Fue hasta 1970, con la industrialización, cuando empezaron a crearse químicos para prolongar la vida de los alimentos y protegerlos de bacterias y plagas, desde la siembra con fertilizantes, pesticidas, fumigantes químicos y dañinos, hasta colorantes y saborizantes para agradar a la vista y al gusto, que no aportan ningún valor nutricional; por el contrario, generan desequilibrios al consumirlos continuamente. La siembra de frutas y verduras solía ser estacional y dependía de las necesidades de la época de frío o calor; la naturaleza tenía un sistema diseñado perfectamente para alimentar a toda la cadena alimenticia, pero con el tiempo el hombre la ha modificado para cubrir sus necesidades económicas dejando un lado la importancia de la salud física. No sólo afectan los químicos, sino también existe el problema de que los alimentos tanto de origen vegetal como animal tienen un valor nutricional muy por debajo de lo que se produce de manera orgánica. Algunos oncólogos integrales concluyen que los productos orgánicos son mucho más potentes que los "convencionales", por lo que son más recomendables para pacientes con cáncer.

En cuanto a los productos animales, los procesos son aún peores: las condiciones de vida del animal son terribles, viven en espacios limitados con altas posibilidades de enfermedades e infecciones que se controlan con exceso de antibióticos, dejando rastros en la carne o productos que consumimos. Y no sólo eso: para reducir costos de producción, los alimentan a base de granos que no los nutre y les agregan hormonas para producir mayor cantidad de leche, que afectan la salud del animal y la de las personas que nos alimentamos de ellos. Por mucho, la decisión que tomé de reducir mi consumo de proteína animal y dejar por completo la carne roja y embutidos fue impulsada después de que me atreví a ver el video *Meet your Meat* (Conoce tu carne), donde muestran el proceso del consumo de la carne, desde la vida del animal hasta terminar en el plato; fue muy desagradable ver esas imágenes crueles y sumamente asquerosas. La calidad de la carne se ha perdido debido a estos procesos; los animales ahora contienen mayor porcentaje de grasa saturada a causa del estilo de vida que llevan, que es más sedentaria; en todo esto es donde radica la diferencia entre la carne que comían mis abuelos a la que comen mis hijos, las nuevas generaciones tienen a su alcance alimentos con muy mala calidad debido a los procesos y químicos que se utilizan para beneficiar el crecimiento de la industria pero no el del ser humano.

Mucho anticáncer

Recientemente se han realizado muchos estudios para identificar en los alimentos propiedades que ayuden a evitar y combatir el cáncer, y que provean diferentes beneficios antioxidantes, antiinflamatorios, inmunoestimulantes y anticancerígenos (además de otros); necesitamos consumir constantemente esos alimentos para poder trabajar contra el cáncer. Son importantes para que nuestro cuerpo se fortalezca y pueda utilizar todo su escuadrón para combatir naturalmente el cáncer. Los alimentos con mayor contenido de estas propiedades son el té verde, aceite de oliva, frutos rojos, brócoli, col, germen de brócoli, kale, hongos, tomate, zanahoria, ajo, cúrcuma, uva, higos, algas, vino tinto, soya y germen de soya (en el cáncer de mama no se recomienda esta última). Al final de este capítulo encontrarán una lista de alimentos con propiedades antioxidantes que proveen de oxígeno a la células para fortalecerla; antiinflamatorias para reforzar la salud de los tejidos, que apoyan a la apoptosis para que las células de cáncer su suiciden; antiangiogénicas para que los tumores no tengan medios de alimentación; supresoras para inhibir el crecimiento de tumores; encapsuladoras para recubrirlos y limitar su crecimiento y la dispersión de células a otras partes del cuerpo.

Todo antiinflamatorio

El doctor Andrew Weil, autor de la dieta antiinflamatoria, llegó a la conclusión –al igual que muchos científicos y médicos– que las enfermedades crónicas como el cáncer son el resultado de una inflamación crónica a partir de malos hábitos, entre ellos la alimentación. A partir de varios estudios que se han dedicado a descubrir las propiedades de los alimentos, podemos encontrar una larga lista que ayudan a la desinflamación. Para personas como yo, es necesario evitar a toda costa la inflamación de tejidos, ya que es el hábitat ideal para que las células de cáncer se reproduzcan. Por ello, incluir todos los días productos con propiedades antiinflamatorias es una excelente apuesta, uno de los más reconocidos es la cúrcuma, que en algunos países se utilizan como tratamiento contra cáncer.

Por supuesto antioxidante

Los antioxidantes los encontramos en alimentos de origen vegetal, cualquier alimento que contenga antioxidantes se vuelve parte de mi alimentación. Aquí va el por qué: los muy nombrados radicales libres, que se mencionan comúnmente para el cuidado de la piel, tienen un papel importante en el deterioro de las células de todo nuestro cuerpo. Si te estás preguntando qué es un radical libre, ahí te va una descripción simple: un átomo de oxígeno está formado por pares de electrones, cuando uno de los pares pierde a su compañero, se vuelve inestable y busca inmediatamente recuperar uno, a este átomo se le llaman radical libre; su estabilidad la consiguen robando un electrón a otra molécula, la cual a su vez se convierte en radical libre y así se genera una cadena de radicales libres, o mejor conocida como oxidación. Una forma de hacer evidente este robo de electrón es como cuando partimos un aguacate, si lo dejamos al aire libre se hace negro porque los radicales libres ya lograron su cometido, pero si le ponemos unas gotas de limón, al fungir el limón como protector (antioxidante), podemos mantener nuestro aguacate en buen estado por un mayor tiempo. Asimismo, nuestras células son continuamente atacadas por radicales libres que la van deteriorando y las hacen más susceptibles y frágiles ante el cáncer. Son varias las causas de la generación de radicales libres: el estrés, una mala alimentación, los medicamentos, el alcohol, el cigarro, la contaminación y sustancias tóxicas. Para contrarrestarlos, podemos incluir en nuestros platos alimentos altos en antioxidantes que contengan vitamina C y E o fitonutrientes como betacarotenos y flavonoides.

Siempre inmunoestimulante

Nuestro cuerpo cuenta con 90 trillones de células, de los cuales 20 trillones forman parte de nuestras defensas. Por esto la importancia de mantener estas últimas en estado óptimo apoyándolas con alimentos que estimulen y fortalezcan nuestro sistema inmunológico. Muchos alimentos naturales cuentan con propiedades para ayudar a nuestro cuerpo a enfrentar de mejor manera cualquier ataque por virus, bacteria, químicos o hasta pensamientos y emociones tóxicas. En el caso del cáncer, las defensas necesitan refuerzos extra para combatirlo; si decidimos entrar en tratamientos y tomar medicamentos donde son atacadas, necesitamos darles la energía necesaria para recuperarse y volver a funcionar adecuadamente.

No está de más resaltar que las quimioterapias y radiaciones son altamente inflamatorias, oxidantes, acidificantes y deterioran el sistema inmunológico, por lo que lo recomendado por los doctores para obtener suficientes antioxidantes, antiinflamatorios, anticáncer y refuerzos son de 5 a 9 porciones de verduras y frutas, sobre todo de verduras, esto sería como 2½ tazas a 3 tazas por día.

Nutrición anticáncer

Antes de compartir mi método, quiero dejar en claro que considero indispensable mantener a mis médicos informados de cualquier esquema de alimentación que deseo aplicar para saber si beneficia o entorpece el régimen que estoy siguiendo. Aun cuando he pasado la etapa de tratamientos, es importante conocer su opinión acerca de cualquier plan nutricional u holístico que deseo probar. El chiste es que los alimentos refuercen los esfuerzos que ya estoy haciendo. Lo pongo sobre la mesa porque he descubierto que algunas quimioterapias no son tan efectivas si consumimos ciertos alimentos, así que siempre es necesario preguntar sobre la comida, el ejercicio, las actividades, en fin, yo prefiero que todo se complemente y se refuerce.

Para cambiar un poco mi forma de ver las "dietas", teniendo en mente que no era para bajar de peso, sino un esquema que debía adoptar de por vida, ha sido más fácil enfocarme en integrar nuevas cosas, en vez de tener mi atención en lo que no puedo. Sustituyo lo que no debo con algo que me guste y que sea nutritivo, de esta manera me ha sido más fácil cambiarlo para toda la vida. La idea fue quitar lo malo sumando alimentos nuevos de manera creativa y que le guste a mi paladar. No se trata de comer desabrido; por el contrario, he descubierto nuevos sabores y texturas que me encantan al meterme a la cocina para mejorar mi manera de comer. En las próximas páginas encontrarán los lineamientos que fui adoptando para generar estos cambios de alimentación que además me ayudan a decidir cómo van a ser mis comidas del día sin importar si son en casa o en restaurantes.

Es importante mencionar que mi alimentación se centra principalmente en alimentos de origen vegetal; primero, porque me aportan tanto macronutrientes (grasas, carbohidratos y proteínas) como micronutrientes (vitaminas y minerales), además de fibra y fitonutrientes que explicaré más adelante; a diferencia de los planes dietéticos que se basan más en alimentos de origen animal que proveen de proteína como macronutriente, sin los beneficios de los micronutrientes y fibra, y contribuyen al consumo de grasas saturadas y colesterol, que afectan al cuerpo si los consumimos en exceso.

Éstos son los puntos que considero en mi alimentación:

1. Aumentar el consumo de vegetales verdes

He leído mucho sobre alimentación anticáncer y, créeme, el común denominador número uno es comer muchos pero muchos vegetales verdes. Yo era de las que planeaba mis comidas a partir de los animales: ¿qué vamos a hacer de comer?: ¿carne, pollo o pescado? Y lo complementaba con lo demás para formar mi menú. Ahora lo planeo totalmente al revés: mi punto de partida son las verduras, por lo menos la mitad de mi comida y la complemento con proteínas, granos enteros y grasas. Los beneficios de comer tanto verde son buenísimos porque son la mejor fuente de minerales alcalinos (calcio, magnesio, hierro, potasio, fósforo, zinc, vitaminas A, C, E y K, ácido fólico, clorofila, además de muchos fitonutrientes). Son una excelente fuente de fibra que ayuda a nuestro aparato digestivo, contienen mucha agua, construyen y fortalecen la sangre y el sistema respiratorio, purifican la sangre, mejoran la circulación, mantienen el sistema inmunológico sano, nos dan energía y nos ayudan a desintoxicar el cuerpo. Para mí ha sido un cambio que ha dado resultados inmediatos: mejoró la piel, aumentó el brillo de los ojos, se incrementó la energía, el sueño es más profundo, se redujeron las enfermedades simples como las gripas y problemas del estómago, se restableció impresionantemente mi digestión. Empecé a saciarme más rápido y extrañamente se vuelve una sana adicción, sin caer en el extremo, el solo alimentarme de verduras.

2. Pienso en el arcoíris de frutas y verduras

Las verduras y frutas son la base de una buena alimentación, en ellas encontramos todos los nutrientes que necesitamos, además de propiedades específicas para combatir enfermedades. Son la mejor apuesta para prevenir enfermedades y sanar el cuerpo. Dentro de estos alimentos aparecen todos los colores del arcoíris: fitoquímicos o fitonutrientes como licopeno (rojo), betacarotenos (naranja), luteína y zeaxantina (amarillo), carotenos y sulforafanos (verde), antocianinas (azul), flavonoides (morado) y organosulfidos (blanco), que tienen beneficios increíbles para defendernos del cáncer y otras enfermedades por ser antioxidantes, antiinflamatorios, antivirales, antibacterianos, antialergénicos, anticáncer, antitodo. No son necesarios para sobrevivir, pero aportan muchos beneficios para mantenernos con salud. Al pensar en incluir todos los colores en mis platillos, mis menús se volvieron más atractivos tanto para el gusto como para la vista, dejé de ver las comidas insípidas de los dietas clásicas y la imaginación voló con tantas posibilidades: mis sopes son una montaña de colores por la cantidad de verduras que agrego, el arroz lo mezclo con nueces o semillas además de algunas frutas o verduras picadas, relleno los chiles con alguna proteína además de diferentes colores de verduras y hasta frutas, y ni hablar de la variedad de ensaladas que dejaron de limitarse a hojas verdes.

3. Integro juicing y blending

La mejor manera que he encontrado para comer lo necesario al día en verduras y frutas han sido los jugos y licuados. No me refiero al jugo de naranja o de toronja, sino a los jugos de verduras en combinación con algunas frutas para que podamos aprovechar todos los nutrientes que proveen los alimentos de origen vegetal sin el exceso de azúcar. Sería difícil consumir los requerimientos básicos de micronutrientes (llámese vitaminas y minerales) que necesitamos en el día, por eso han tomado tanto furor, son la forma más sencilla de incluir una gran cantidad de verduras al día sin cansar la mandíbula de tanto masticar como conejos o vacas. Hay dos técnicas que me ha gustado integrar: 1) *juicing* (jugos prensados), a partir de la compresión de los alimentos se obtienen en líquido las vitaminas, minerales y fitonutrientes; éstos se absorben rápidamente en el torrente sanguíneo saltándonos los pasos de masticar y digerir para ir directo a la absorción de sustancias asimilables que necesita el cuerpo. La contraparte del juicing es que nos perdemos de la fibra, que es nuestra hermosa escoba, así que a la par me gusta combinar la técnica número 2) *blending* (licuados): las aspas de la licuadora nos evitan masticar, mezclando los micronutrientes en conjunto con la fibra, lo que da como resultado una consistencia líquida más espesa; en los licuados es más fácil añadir nueces, semillas y granos enteros logrando un resultado más completo y llenador. Para mí no hay uno mejor que el otro, todo depende de qué es lo que estás buscando y en combinación funcionan muy bien para complementar nuestras comidas, no para sustituirlas; esto es una adición, no un reemplazo.

4. Experimento con granos enteros

Los granos enteros o carbohidratos complejos, a los que tantas personas le tienen miedo porque se tiene la idea de que son los causantes del aumento de peso, son semillas que están compuestas por tres partes

1. Salvado: la capa externa que protege al grano y contiene fibra, vitaminas del complejo B y minerales como hierro, cobre, zinc y magnesio.
2. Endospermo: la parte media que contiene proteínas y carbohidratos.
3. Germen: la parte del centro del grano que aporta antioxidantes y fitonutrientes, además de vitaminas, minerales, proteínas y grasas monoinsaturadas

Actualmente, por lo general, consumimos más carbohidratos procesados, mejor conocidos como harinas procesadas o blancas; para obtenerlas separan el salvado y germen utilizando el endospermo, que es la de mayor peso del grano entero, para obtener productos suaves que en este caso sí contribuyen al aumento de peso, pero sobre todo de glucosa, que es lo que queremos evitar en una dieta para combatir el cáncer. Al desarmar el grano, eliminan la parte que ayuda a que le lleve más tiempo en ser digerido, la que excluye los picos de glucosa que producen los productos que contienen harinas blancas. Cuando hablo de granos enteros me refiero al maíz, cebada, centeno, avena, arroz, quinoa, amaranto, mijo, espelta, alforfón y trigo, entre otros. En muchos casos de cáncer, las personas optan por consumir granos enteros sin gluten, que es una proteína que sólo afecta a personas celíacas o con intolerancia al gluten. En el caso del cáncer la razón reside en que son granos que aumentan los niveles de glucosa en la sangre. La decisión que yo tomé fue enfocarme mayormente en los granos enteros sin gluten sin tenerle miedo a los que lo contienen. Con esta regla, mis recetas incluyen granos sin gluten como el amaranto, alforfón, avena, arroz, maíz, mijo y quinoa, ya sea en desayunos, comidas, cenas, postres y licuados, y tienen la ventaja de que se pueden consumir en platillos dulces o salados. En esta época encontramos la gran mayoría de ellos procesados como harinas, pero conteniendo sus tres partes, esto ayuda en casos como el mío, que tenemos un paladar dulce y a veces necesitamos un postrecito sano que sea nutritivo y no alimente a las células del cáncer.

5. Combino diferentes opciones de proteína

He leído muchos libros de médicos y sobrevivientes de cáncer que hablan sobre la alimentación como una herramienta esencial para combatir el cáncer y algo común en estos escritos es que recomiendan disminuir el consumo de proteína animal y muchos lo eliminan por completo. Muchas investigaciones resaltan la importancia que tienen para nuestra salud, pero también se ha encontrado que el exceso en su consumo está relacionado con enfermedades cardiacas, diabetes y cáncer. Estoy hablando de proteína animal y no vegetal. Es necesario entender la importancia de las proteínas para el cuerpo antes de tomar una decisión.

¿Qué es una proteína? Son moléculas formadas por cadenas de aminoácidos que cumplen con tareas indispensables: son regeneradores de tejido; son enzimas necesarias como catalizadores para funciones importantes del cuerpo; forman la estructura de nuestros órganos, huesos, piel, hasta pelo y uñas; son el mayor componente de las células y sus membranas; controlan la actividad celular y su comunicación, además de que forman parte de nuestras defensas. En total son 20 aminoácidos los que forman las proteínas, de los cuales 11 son aminoácidos no esenciales, que quiere decir que las produce el cuerpo, y 9 aminoácido esenciales que necesitamos obtener de los alimentos; una proteína completa es un alimento que contiene los 9 aminoácidos esenciales. Cuando me metí a entender por qué algunas personas toman la decisión de volverse vegetarianas para salir del cáncer descubrí que también podía encontrar los aminoácidos esenciales en verduras, leguminosas, granos, nueces. Algunos alimentos como la quinoa, el amaranto, las algas, las semillas de cáñamo (hemp) contienen todos los aminoácidos esenciales igual que las proteínas de origen animal, por lo que también son consideradas proteínas completas. Otra manera de incluir todos los aminoácidos es mezclando leguminosas, granos, semillas y nueces en mis platillos para formar proteínas completas en la combinación de alimentos de origen vegetal. La diferencia entre los tipos de proteína, vegetal y animal, es que la primera contiene fibra, vitaminas, minerales y antioxidantes, mientras que la segunda está conformada por proteína y grasa saturada nada más.

6. Disminuí el consumo de proteína animal

Muchos estudios que se han realizado en los últimos años han confirmado la relación que existe entre el consumo de carne y el producto animal con el cáncer: existe mayor riesgo de cáncer en personas que comen mucha carne, en especial carne roja. En la actualidad, en los países occidentales se consume exceso de proteína animal a pesar de que la ciencia reveló hace tiempo que las mujeres se mantienen con buena salud con 47 gramos aproximadamente de proteína y alrededor de 52 gramos para hombres al día. La porción necesaria para mantenernos con salud es muy pequeña comparada con las porciones que se consumen hoy en día que son arriba de 100 gramos por comida. Esto se debe a que las famosas dietas para bajar de peso eliminan las grasas y los carbohidratos siendo su base la proteína animal; las consecuencias son fatales para el cuerpo porque lo sometemos a esfuerzos digestivos que rebasan su capacidad.

El estudio de China es considerado el mayor estudio sobre nutrición realizado en la actualidad. En éste, el profesor Colin Campbell junto con la Academia China de Medicina Preventiva, la Universidad de Cornell y la Universidad de Oxford encontraron relación entre los niveles de colesterol en la sangre y enfermedades coronarias y cáncer, siendo los alimentos de origen animal y las grasas saturadas los principales promotores en el aumento del colesterol en las dietas occidentales. Antes de esta investigación, el profesor Campbell logró manipular tumores en ratas utilizando la caseína (recuerden: es la proteína en la leche de vaca) como sustancia de estudio: si aumentaban 20% la proteína animal en su alimentación por una semana los tumores se incrementaban en tamaño y agresividad, o, por el contrario, podían reducirse si disminuían la proteína animal en un 5 por ciento. El cáncer se iniciaba por una sustancia carcinogénica (hongo en los cacahuates), pero con la alimentación manipulaban y controlaban la reproducción de las células cancerígenas en las ratas. Sin embargo, observó que la proteína vegetal no aumentaba los tumores, por lo que llegó a la conclusión que la diferencia la hacían la fibra, vitaminas y minerales que contiene la proteína vegetal.

En lo personal, dejé los lácteos, carne roja y embutidos, como lo mencioné. Pavo, pollo y huevo orgánico, en pequeñas cantidades, para mí está bien; en el caso de pescado, sólo salvaje y de preferencia azul por el alto contenido de omega 3 (salmón, bacalao, atún...).

7. Descubrí qué grasas son buenas y cómo utilizarlas al cocinar

Yo era de las que limitaba mis grasas, pero fue importante aprender a diferenciar las buenas de las malas: existen las que son indispensables para mi salud por ser fuente de energía además de generar músculo. El desgaste físico durante los tratamientos es tan fuerte que encontrar cualquier forma para agarrar energía se vuelve buenísima opción, además ayudan a absorber vitaminas y antioxidantes (tengo que recordar lo mucho que necesito antioxidantes para combatir las células cancerígenas): incrementan el metabolismo, incluso ayudan a bajar de peso, no lo digo yo, lo dice la ciencia; protegen mis órganos, contribuyen a la producción de hormonas, fortalecen la membrana celular, estimulan el sistema inmunológico (muy, pero muy importante), pero mi parte favorita es que ayudan al funcionamiento del cerebro. ¿Cuáles son las malas? Empiezo por las malas noticias: las saturadas, que son sólidas y están asociadas con las enfermedades cardiacas principalmente, pero también con el cáncer; entre más grasa tengas en el cuerpo, mayores las probabilidades de riesgo. La obesidad está muy relacionada con las personas que sufren ésta y muchas enfermedades. Estas grasas las encuentras en proteínas animales, como la carne roja, y en productos lácteos. ¿Y las muy malas? Así es, existe una peor opción: las grasas trans. Son tan sólidas que podríamos compararlas al plástico. Si veo aceite parcialmente hidrogenado en la lista de ingredientes, definitivamente no lo compro; este veneno lo encuentras en *fast foods*, margarina, papitas y botana chatarra. No quiero señalar nombres, pero sí, nuestras tienditas están retacadas de productos con esta sustancia que prefiero no comer. Pero ¿cuáles son las buenas? Las insaturadas que son más como aceites, monoinsaturadas y poliinsaturadas; en español común: nueces, semillas, aguacate, pescados, sobre todo azul como el salmón, por ser ricos en omega 3 que es un potente antiinflamatorio.

Pero aquí les va el truco para los aceites: todos tienen un punto de humo, es decir, a cierta temperatura se queman que dan como resultado radicales libres. El punto de humo de los aceites vegetales (canola, soya, girasol, maíz) es muy bajo por eso no los uso, ni tampoco los sprays. Todos los aceites de semillas (linaza, hemp, macadamia o de cualquier nuez) y de oliva extra virgen son ideales para aderezar. Cuando cocino empleo aceite de aguacate o de coco –aunque contienen grasas saturadas, sus beneficios para la salud son muchos, porque su punto de humo es muy alto y no corro riesgos de oxidación. A temperatura bajas a veces cocino con aceite de oliva, pepita de uva o de ajonjolí cuidando que no se quemen.

8. Mejoro mis opciones de azúcar

Yo tengo por herencia un diente dulce que no me deja en paz; de verdad, tengo una familia entera de adictos al postre. Es una enorme tentación que he tenido que afrontar, fue la regla número uno que me dieron los médicos y el primer paso difícil que un paladar dulce como el mío tuvo que dar: adiós al azúcar. Dejé de ver la carta de postres. Tengo amigas que dicen que mi elección de postre es garantía, tengo buen ojo para elegir lo más rico del menú. Aunque tuve la determinación de dejar todo lo dulce, sobre todo durante la etapa de tratamiento, después descubrí que sólo tenía que encontrar opciones que colmaran de alguna forma mi gusto por lo dulce, pero que no procedieran de la caña de azúcar o platos que no tuvieran harinas procesadas que elevaran mis niveles de glucosa, para así matar de hambre a las células cancerígenas. Evidentemente todo endulzante artificial quedó descartado por estar ligado a malestares y afecciones al cerebro, además de tumores cerebrales. Lo bueno es que existen alternativas para no elevar la glucosa: el azúcar de coco, que ya encuentro en el súper; los dátiles, que son ideales en postres y galletas; la stevia, que es una hoja verde o marrón que endulza hasta trescientas veces más que el azúcar, cargo mi gotero de concentrado de stevia líquido en la bolsa para endulzar mis tés (descarto la presentación en polvo blanco porque contiene otros endulzantes y poca stevia); la miel de abeja, que tiene muchos beneficios para la salud; y como última opción recurro al maple 100 por ciento. Ahora puedo hacer en casa galletas, pasteles, helados y postres sin lácteos, sin preocuparme por la glucosa con ingredientes buenos para mi salud y para atacar el cáncer. Si no tengo tiempo, con un poco de chocolate de 80% de cacao me quedo satisfecha.

9. Siempre leo las etiquetas

Leer las etiquetas es una actividad tediosa pero necesaria. Para saber qué es lo que entra por mi boca necesito conocer cómo está hecho ese producto, guardado en caja, bolsa o lata. Las personas comúnmente vemos los colores y el diseño bonito de los empaques y nos dejamos llevar por conceptos mercadológicos de moda como orgánico, sin azúcar, naturales, sin gluten, buenos para la salud, en fin, son interminables y seguirán surgiendo nuevos. Aunque esto es lo que estemos buscando, no necesariamente quiere decir que la composición de un producto resulte ser todo lo que el empaque promete. Para saber si es un alimento que mi cuerpo pueda descifrar y utilizar en su beneficio, mi mente debe entender qué es. En mi camino hacia la salud decidí dejar de ser ignorante en el tema e informarme para no caer, como muchas veces en el pasado, y terminar comprando mentiras disfrazadas que pudieran ser contraproducente a mis esfuerzos. En la parte de atrás de los empaques, a veces muy difícil de ver, encuentras en letras chiquirritinas una palabra que dice INGREDIENTES, seguida por varias palabras que claramente dicen cómo se

compuso ese producto; el primer ingrediente es el de mayor cantidad, y así sucesivamente. En principio si la lista es corta puede ser
una buena opción, si es muy larga quiere decir que puede caer en la
categoría de procesados, pero más importantes es que cuando leo
los ingredientes reconozca qué son; si la palabra es muy complicada
y desconocida para mí, probablemente se trate de químico no com-
patible con mi organismo. Trato de buscar las palabras que desconozco para saber qué son y comúnmente encuentro los beneficios o
daños que ocasionan; para ello recurro a la aplicación de la organización CSPI (Center for Science in the Public Interest) o en su página web donde busco el ingrediente, en ella encuentro la explicación,
para qué se utiliza y en qué productos lo encuentro, pero además
qué estudios se han realizado para comprobar si es bueno o dañino.
La industria siempre buscará reforzar sabores, colores y la manera
de conservarlos en buen estado por el mayor tiempo con saborizantes, colorantes y antioxidantes químicos y económicos, ya que las
opciones naturales que se utilizaban anteriormente no son tan efectivas ni baratas.

A continuación hay un listado de alimentos naturales que me
ayudan a combatir el cáncer, a disminuir la inflamación y fortalecer el sistema inmunológico. Esto no quiere decir que no consumo
otras frutas, verduras, leguminosas, granos enteros, nueces y semillas, con otras propiedades buenísimas para mi organismo. Pero sí
me ayuda a saber en cuáles poner mayor énfasis.

VERDURAS

Col

Brócoli

Germen de brócoli

Col de Bruselas

Kale o berza

Coliflor

Espinaca

Pimiento Rojo

Hongos

Apio

Espárragos

Jitomate

Cebolla

Ajo

Poro

Zanahoria

Betabel

Camote

Elote

Rábano

Nopal

FRUTAS

Mora azul

Fresa

Frambuesa

Arándano

Cereza

Manzana

Papaya

Durazno

Plátano

Limón

Lima

Naranja en gajos

Piña

Mango

Pasas

GRANOS ENTEROS

Quinoa

Arroz (rojo, negro, salvaje,
   integral)

Tortillas y sopes

Avena

Amaranto

LEGUMINOSAS

Frijol

Lentejas

Garbanzo y humus

Edamame

FRUTOS SECOS

Almendra
Nuez pecana
Nuez de la india
Macadamia
Pistache
Crema de estos frutos
Aceitunas

SEMILLAS

Ajonjolí
Semillas de girasol
Semillas de calabaza
Hemp o cáñamo
Chía
Linaza

PROTEÍNAS

Salmón
Bacalao
Robalo
Macarela
Sardinas
Pollo orgánico
Pavo orgánico
Huevo orgánico
Yogur griego

ADEREZOS Y SALSAS

Mostaza
Tahini
Sauerkraut o col agria
Pico de gallo
Salsa verde y roja
Soya fermentada
Miso
Aceite de oliva
Aceite de linaza
Aceite de hemp
Guacamole
Vinagre de sidra de manzana

ENDULZANTES

Dátil
Azúcar de palma de coco
Miel de abeja
Maple 100%
Stevia

BEBIDAS

Té verde
Vino tinto

ACEITES PARA COCINAS

Aceite de coco
Aceite de aguacate

A temperatura baja:
Aceite de oliva
Aceite de ajonjolí

ESPECIAS
Cúrcuma
Canela
Jengibre
Albahaca
Laurel
Pimienta
Cardamomo
Pimienta cayenne
Sal de mar
Tomillo

Té de limón
Cebollín
Cilantro
Clavo
Menta
Semilla de mostaza
Perejil
Orégano
Hierbabuena
Romero
Salvia
Nuez moscada
Chile
Algas (nori,
    kombu)

Movimiento, aire, agua y sueño

Además de una buena alimentación, incluir actividad física, ejercicios de respiración y cuidar la hidratación a diario forman parte de un régimen integral en cuanto a la salud de nuestro cuerpo físico. Muchos piensan que cuando padeces una enfermedad tan fuerte, el descanso es muy importante para la recuperación. Por supuesto que están en lo correcto y no puedo estar más de acuerdo. Con tanto ataque por medio de medicamentos, el cuerpo emplea toda su energía en recuperarse y cuando tienes sueño, especialmente si estás en plena época de tratamiento o después de una intervención

quirúrgica, necesitas cerrar los ojos y dormir el tiempo que sea necesario, pero es igual de importante incluir una rutina de ejercicio
por lo menos cuatro veces a la semana. En mi caso, el ejercicio fue
una herramienta importante para recuperarme por la pérdida de
coordinación de mi cuerpo: al haber tenido una operación del lado
izquierdo del cerebro, el lado derecho no hacía mucho caso de lo
que ordenaba mi cabeza. Era chistoso darme cuenta de que mi mente estaba acostumbrada a dar por hecho que mi cuerpo respondía
automáticamente. Me pasó por primera vez saliendo del hospital
de mi primera operación al intentar meterme al coche: subí la pierna, me senté, cerré la puerta aplastando la pierna derecha que olvidé subir, o más bien di por sentado que ya la había subido; y como
eso, me pasó en varias ocasiones que el lado derecho del cuerpo no
hacía el movimiento automático que siempre supo hacer; tenía que
pensar más en lo que estaba haciendo mientras pasaban los efectos
de la inflamación.

Los beneficios del ejercicio como parte de tu rutina son muchos
y para personas que se encuentran en tratamiento aún más. La Clínica Mayo afirma que la actividad física es el mejor método comprobado para aliviar la fatiga como resultado de enfermedades y sus
tratamientos; estudios realizados a personas en proceso de quimioterapias y radiaciones han demostrado su utilidad. En uno de ellos,
realizado a mujeres con cáncer de mama, se observó que las mujeres
respondían mejor a tratamientos, y su recuperación era mejor que
las mujeres que no hacían actividad física alguna.

Éstos son algunos de los beneficios que se destacan en las personas que incluyen una rutina de ejercicio para combatir el cáncer y
en tiempo de tratamiento:

- Reduce la grasa donde se almacenan las toxinas.
- Reduce los niveles de azúcar en la sangre.
- Libera citoquinas involucradas en la resistencia contra tumores.
- Libera hormonas que modulan defensas para exterminar célu-las tumorales.
- Es el mejor método para aliviar la fatiga.
- Regula niveles de estrógeno y testosterona que estimulan el crecimiento de ciertos tipos de cáncer.
- Reduce la depresión e incrementa la confianza en la imagen corporal.
- Produce hormonas del bienestar como endorfina y serotonina.
- Fortalece las defensas.
- Ayuda a la recuperación.
- El cuerpo responde mejor a los tratamientos.
- Trae beneficios psicológicos y emocionales.
- Reduce el riesgo de regresión.
- Disminuye las náuseas e insomnio.

Los ejercicios de respiración como parte de la rutina diaria en una persona en tratamiento influyen de una manera positiva. Antes de una actividad de calma, como la meditación, oración, lectura, es-cuchar música, masaje o facial, incluso antes de ejercicios de esti-ramiento, puede ser un buen momento para realizar por lo menos cuatro respiraciones profundas. Yo lo empecé a hacer en mis clases de canto y luego lo apliqué antes de dormir cuando voy a orar. Me gustó la técnica de inhalar por la nariz lentamente hasta llenar los pulmones sin levantar los hombros, únicamente pensando en abrir las costillas hacia los lados, sostener el aire unos segundos y después soltarlo lentamente por la boca. Con el tiempo te acostumbras y logras un mayor número de respiraciones. Existen muchas técnicas, puedes utilizar la misma o experimentar con diferentes. Lo que he encontrado es que ayuda en las siguientes maneras:

- Fortalece el sistema inmunológico.
- Relaja el cuerpo.
- Estimula la circulación.
- Ayuda al tracto intestinal.
- Ayuda a recuperar el equilibrio entre cuerpo, mente y espíritu.
- Promueve el mejor manejo de las emociones negativas.
- Disminuye miedos y temores.
- Aumenta la creatividad.
- Ayuda a la toma de decisiones.
- Aumenta la capacidad de concentración.

El cuerpo puede vivir muchos días sin comida, pero muy pocos sin agua. Somos más de 70% agua, el cerebro es alrededor de 75% agua, la sangre es más del 90% agua, nuestras células en su mayoría están formadas de agua, su buen funcionamiento se ve afectado tanto por la falta de agua como por el exceso, una célula con poca agua muere. El agua permite que las señales eléctricas dentro del cuerpo sean transmitidas para que los músculos se muevan, los ojos vean y el cerebro piense, y así todas las funciones del cuerpo se realicen. La recomendación común es de 1.5 litros a 2 litros al día aproximadamente, depende de cada persona y el nivel de actividad, aunque una buena medida es observando la orina: si es muy amarilla necesito tomar más agua, si es transparente estoy dejando escapar nutrientes y necesito disminuir el consumo. Evidentemente no estoy hablando de refrescos, jugos y café, sino de agua simple, sin azúcar añadida. Como todo, cuando no estás acostumbrado a tomar agua, al cuerpo le toma tiempo y puedes ir aumentando poco a poco la cantidad hasta llegar a tu consumo ideal.

Sé que hoy en día la calidad del agua es todo un tema. Yo prefiero un buen filtro que embotellada, porque con los cambios de temperatura el plástico libera tóxicos, y además está el debate de los metales, cloro, flúor y químicos que ahora se encuentran en el agua que tomamos a causa de los procesos a la que es sometida para la eliminación de bacterias, proceso mismo que la desmineraliza. La buena noticia es que existen muchos filtros, jarras o sistemas de filtros para casas que eliminan bacterias, metales y sustancias químicas, la remineralizan, ionizan y mejoran la calidad del agua. Los precios varían mucho de acuerdo con la tecnología y tipo de producto pero una vez que te adentras en ese mundo, incluso encuentras la posibilidad de mejorar el agua con la que te bañas. Yo no he ido tan lejos, pero saber que puedo renovar el agua que bebo, con la que cocino y con la que limpio mis alimentos y mi cuerpo me motiva a hacer pequeños pasos para mejorar la manera en que hidrato a mi familia y mi persona.

Con una buena hidratación nuestro cuerpo funciona mejor:

- Ayuda a que los nutrientes fluyan mejor por la sangre a las células.
- Promueve la eliminación de toxinas.
- Ayuda a la digestión y previene el estreñimiento.
- Regula la temperatura del cuerpo.

- Reduce el riesgo de cáncer porque promueve el buen funcionamiento del sistema digestivo, inmunológico, hígado y riñones.
- Alivia la fatiga.
- Mejora los niveles de energía al hacer ejercicio y ayuda a los músculos.

Se recomienda dormir un promedio de ocho horas diarias. Por lo que hemos escuchado o leído muchas veces, el número de horas depende mucho de la edad y la actividad física que realices. Los pacientes con cáncer y sobre todo los que están en tratamiento suelen sentirse agobiados porque conforme avanzan los tratamientos, el cansancio aumenta y las horas para dormir también; más que por la noche, durante el día el cuerpo empieza a pedir siestas largas, más de dos horas, yo a veces dormía hasta cuatro horas por la tarde. Es común que las personas con cáncer se sienten mal por el exceso de horas que duermen o por la fatiga crónica y buscan maneras de obtener energía para ser lo más productivos posible aunque se encuentren cansados. Para mí fue importante saber que cuando estaba en tratamiento, tanto la quimio como la radio matan células de cáncer, pero también células sanas, sobre todo las que pertenecen al sistema inmunológico. Es por esta razón que experimentamos fatiga, porque el cuerpo emplea mucha energía en reparar los daños causados por los tratamientos, gastamos aún más energía que atletas de alto rendimiento y el cuerpo no se encuentra en su estado óptimo. Entender que es sólo por un tiempo, mientras estamos en recuperación ayuda a comprender la importancia de dormir lo suficiente para recuperarnos de los golpes que recibe el cuerpo a causa de la enfermedad, operaciones y tratamientos. Todos respondemos de diferentes maneras, algunos cuerpos son más resistentes pero es bueno tener en mente que si tu cuerpo te pide dormir, le hagas caso. Cuando terminas la época de tratamientos, la fatiga se va, las siestas disminuyen y la energía surge de nuevo. Le toma tiempo al cuerpo, pero los avances se notan conforme van pasando los días y observas que te incorporas a tus actividades comunes en un lapso, no días ni semanas, pero sí meses. Todo depende de cómo incorporas hábitos saludables tanto de alimentación como ejercicio, hidratación y sueño.

Escuchando al corazón

No temas porque yo te redimí; te puse nombre, mío eres tú. Cuando pases por aguas, yo estaré contigo; y si por los ríos, no te anegarán. Cuando pases por fuego no te quemarás, ni la llama arderá en ti. Porque yo soy Jehová, Dios tuyo, el Santo de Israel, soy tu salvador.

Isaías 43:1-3

Pues yo sé los planes que tengo para ustedes –dice el Señor–. Son planes para lo bueno y no para lo malo, para darles un futuro y una esperanza. En esos días, cuando oren, los escucharé. Si me buscan de todo corazón, podrán encontrarme.

Jeremías 29:11-13

27 de octubre de 2012
Muchos me preguntan: ¿cómo te sientes? Pues ahí les va y va pa' largo. Físicamente, aunque es difícil de creer, bien. Con un poquito menos de energía, pero sin dolor. Triste, pero sólo cuando se me cae el pelo; unas lagrimitas se me escapan, pero me recuerdo que va a regresar, aunque creo que es el signo más evidente de lo que estoy pasando. Siento confianza, Dios me traerá mi

milagro, busco paciencia para esperar. Bendecida, porque estoy rodeada de mucha gente que me quiere; por ahí dicen que lo que siembras, cosechas. Viva, porque mis sentidos están más alertas, tengo nuevos ojos que ven la vida más clara y más sencilla; con un mejor sabor, porque todo lo aprecio y lo saboreo más. Con las sensaciones a flor de piel. Emocional, con ganas de ser más alegre y sonreír al que cruza mi camino, dejando que las lágrimas corran cuando necesitan salir para mantenerme estable. Con una inmensa paz, que me mantiene fuerte y calmada para enfrentar el día a día. Alerta, para descubrir el significado de este proceso y el propósito que tiene para mí y para la gente que me rodea. Necesitada de apoyo, de amor y de compartir mi vivencia para sacar todo lo que esto trae; es mi terapia y ustedes, mis psicólogos. Espiritual, porque busco a Dios continuamente y lo encuentro y me maravilla que le importa una personita como yo. Pero una de las partes que más me gusta es la luz, me la regala para sentir y para compartir; espero que la sientan igual que yo. Amada, porque tengo el marido perfecto para mí, tres hijos que no dejo de admirar, dos familias volcadas y preocupadas por mí y amigos que no se cansan de alentar y apoyar. Inspirada, ja, ja, ja... ¿se nota?

Mis pensamientos están ligados a una emoción: yo decido quién soy y cómo voy a vivir con el pensamiento. Eso ya lo mencioné anteriormente, pero la dirección también está influida por mis sentimientos. Algunas personas nos regimos más por la cabeza y otras por el corazón, pero siempre están involucradas ambas partes, somos seres pensantes y emocionales. Estos dos componentes conforman el alma, que para el diccionario es la parte inmaterial del ser humano que nos permite tener vida y relacionarnos con el mundo, tiene la capacidad de pensar y sentir. El alma es esa vocecita interna que escuchamos desde el primer día de nuestras vidas, del amanecer al anochecer, llena de preguntas y argumentos, nadie más la escucha y sólo a veces permito que revele todo lo que contiene, continuamente está en movimiento entre pensamientos y sentimientos, nunca deja de funcionar y para los que creemos en una vida después de ésta, será la única parte de nuestro ser que existirá eternamente. En el capítulo anterior me enfoqué en analizar de qué manera piensa mi cabeza y en éste explicaré algunas formas en las que he trabajado para escuchar cómo siente mi corazón, qué necesidades tiene y cómo puedo ayudarlo a estar en equilibrio. El corazón es lo que más cubrimos y protegemos; muchas veces ocultamos nuestros sentimientos por miedo a ser lastimados, creamos capas a su alrededor para cuidarlo y, sin embargo, la mayoría del tiempo no lo entendemos. Tal vez no nos detenemos lo suficiente para escucharlo, hasta que revienta y se hace notar por medio del cuerpo con enfermedades tan simples como la gripa o complicaciones tan graves como enfermedades crónicas y trastornos neurológicos. En mi caso, cuando estuve en tratamiento fue la época durante la cual el alma empezó a gritar, después de llevar mucho tiempo tratando de ser escuchada, el tumor fue mi señal para intentarlo de nuevo y aunque Dios siempre ha sido parte de mi vida, estoy segura de que había fragmentos de su mensaje que, aunque oí, no puse atención en ellos, nunca me detuve a escucharlo; un tumor en la cabeza me hizo escuchar atentamente.

Cuida tu corazón más que otra cosa, porque él es la fuente de la vida.

Proverbios 4:23 (RVC)

Conociendo el diseño original

Me estoy conociendo, descubrí que nací con una esencia que conforme fui creciendo se fue escondiendo de mí. Esta experiencia me permitió detenerme en el tiempo y volver a empezar. Lo veo como la plata que es brillante pero con el tiempo se oxida; pues me entregaron mi trapito del cielo y con mucha paciencia y cuidado me voy sacando brillo. Con esta experiencia desperté, me tomó mucho tiempo y lo hice pasito a pasito, pero al final encontré mi punto de partida para la vida que me tocaba vivir; atrás quedaron todas las herramientas que copié y adopté para cubrirme del dolor del corazón, me di cuenta de que mi forma de ser hasta esa etapa, que duró un poco más de treinta años, sólo creó una capa que ocultaba de mi vista y de la de los demás la persona que realmente soy. Olvidamos la libertad con la que nacemos para ser únicos; me cubrí con cualquier máscara para eludir juicios hacia mi persona y pasé toda una vida tratando de esquivar posibles eventos que me lastimaran, intentando constantemente encajar en este mundo; era más seguro si lograba no ser el foco rojo que discrepaba con lo que la mayoría de las personas consideran "normal" o "común". A los humanos nos gusta pertenecer, tenemos la necesidad de encontrar similitudes en otros y formar parte de algo, pero olvidamos que al nacer ya formamos parte de algo más grande que nosotros, de un todo. Somos únicos, prueba de esto es nuestro físico, nuestro ADN, nuestras huellas digitales y, por lo tanto, no existe en esta época ni en toda la historia humana una persona que tenga las mismas características que yo. Por eso soy especial, fue muy importante reconocer que sí soy especial, con mis errores y mis tropiezos, pero que mi vida en algún punto o en muchos puede ser de gran significado para otros. No sé si muchos o pocos, el número no importa; lo que importa es que soy necesaria para algunas de mis personas cercanas y seguramente para algunos extraños que tuvieron alcance a mi experiencia de vida, tanto en las partes en las que me equivoqué como en las que acerté. Toda persona tiene la oportunidad de aportar su UNIQUENESS (perdón, pero no encontré la palabra adecuada en español) a este mundo y el mundo necesita de estas singularidades mías, así como las de todos, para continuar en movimiento y avanzar.

Alguna vez escuché en una conferencia a una mujer que explicaba que en el juego del bingo las personas se emocionan cuando escuchan nombrar un número que forma parte de su tarjeta y lo van tachando con la esperanza de ser las primeras en completar los recuadros y ganar el juego. Sin embargo, existe un cuadrito en el centro del cartón que no genera esta emoción, o no le damos tanta importancia porque ya está dado desde el inicio; tiene la misma relevancia que los demás porque también es necesario para obtener la victoria, es parte del tablero y ayuda para poder ganar, pero es un regalo que obviamos, nadie le da importancia a ese pequeño recuadro que nos da esa ventaja. Comentaba que todos nacemos con regalos especiales que damos por sentado, habilidades innatas como la suerte, como el poder de atracción natural; como le sucede a Rodrigo, mi hermano, que todo se le resuelve a su favor sin que se preocupe mucho, pareciera que el tiempo está de su lado. Cuando me hice esta pregunta: ¿cuál es mi gracia innata?, el pensamiento me llevó a la capacidad natural de enfrentar la adversidad, ésa es la semillita que me implantaron mientras era formada dentro de mi mamá; sabían que necesitaría de esta virtud para recorrer con mayor facilidad mi camino. Me otorgaron esa ventaja que ha sido básica en el transcurso de mi vida. Este ejercicio de ver mi cuadrito en blanco y agradecerlo me marcó, me hizo entender que es importante reconocer todos los regalos con los que nací y los que se me han dado en mis años vividos.

Para caminar esta vida con pasos más firmes considero que debo entender quién soy y qué he aprendido en el curso; introspección, mucha introspección; preguntarme constantemente cuáles son las fortalezas que tengo ahora y cuáles son mis debilidades; escuchar mis pensamientos y entender cuál es la reacción emocional que provocan. La escritura me ha enseñado a entender cómo funciona mi cerebro y cómo siente mi corazón; poner en papel lo primero que viene a la cabeza me ha ayudado a analizar toda la información que detento y a sacar las emociones para fluir. Ha sido refrescante este proceso, mucho de lo escrito quedará guardado en mi cajón y otro tanto quedará plasmado en este libro, en cartas y en todas las oportunidades que tenga para exponer mis pensamientos y sentimientos ante otras personas. Ha sido una buena elección abrir mi libro de vida y hacerlo tangible ante mis ojos. Algo sucede cuando me tomo el tiempo para expresar de manera creativa lo que guardo en mente y corazón. Considero que el arte siempre será la mejor herramienta de expresión para analizarme y curar las emociones que duelen y disfrutar las que animan. Así puedo ir borrando lo tóxico que me lastima y esforzarme más en las que me motivan.

Cambiando el miedo por amor

29 de abril de 2013

Pues cada vez me siento más comprometida a escribir. Al principio tuve el impulso por la necesidad de expresar todas las emociones y sentimientos que se acumulaban en el cuerpo y mente, y porque tenía mucha gente cercana que me pedía que los mantuviera informados. Muchas personas no sabemos cómo manejar estas situaciones: ¿será imprudente marcar? No queremos ser muy intensos con llamadas, correos o mensajes. Entiendo que esto les suceda conmigo en esta situación. Por eso me permití compartir mi historia, para que los que querían acompañarme se sintieran libres y encontraran una forma más fácil de comunicarse conmigo. Como lo dije anteriormente, ésta ha sido una gran terapia.

Conforme ha pasado el tiempo me he dado cuenta de que las personas continuamente buscamos identificarnos con personas o con historias, y no tienen que ser exactamente iguales, pero es muy fácil encontrar un punto en el que te entiendes; tal vez se han encontrado en estas circunstancias o las han tenido que vivir con alguien querido o cercano; también existen los que se han librado de enfrentar una enfermedad, pero han vivido el miedo o el dolor en otras de sus múltiples formas, o aunque seas de esas pocas, pocas afortunadas personas que vives una vida sin muchas tormentas, o unas cuantas lloviznas de vez en cuando, el corazón también te late y duele por otros, porque gracias a Dios todos sentimos. Por eso sigo escribiendo y cada vez me comprometo, porque he aprendido que compartiendo mi vida, sin quererlo ni buscarlo, ayudo a alguna persona. En algún lugar existe una sonrisa que surge por mis palabras, un corazón se mueve al leerme, se compadece y se vuelve mejor, un propósito surge, una depresión encuentra un aliento, una mente se cuestiona, una persona se siente comprendida y escuchada.

Éste es mi granito de arena. Con las palabras que he escrito durante esta época de mi vida empieza mi propósito que, día a día, encuentra su camino y lugar, y cada vez se vuelve más claro. Me toca luchar por la salud, lucho para sanar el cuerpo y el alma. Me toca mostrar que, sin importar las circunstancias, siempre se puede encontrar uno o muchos momentos de felicidad por los cuales dar gracias.

Gracias a todos por ayudarme en este camino, con sus palabras y consejos, frases inolvidables y detalles que me encanta repetir a otra persona. Gracias, por tomarse el tiempo para recomendarme alguna opción alternativa o un remedio hogareño, por los videos, links, información, revista, documento, artículo y libro que les hizo pensar en mí. Gracias, por la presencia silenciosa, los likes sorpresivos y los que no fallan. Gracias, por las palabras sabias y las sencillas, las que me hacen pensar o recordarme que piensan igual que yo. Gracias, por las lágrimas que sacaron de mis ojos, los suspiros, las sonrisas y las risas que me arrebataron cuando más las necesitaba. Gracias, porque todo esto que me regalan me ayuda a ayudar, a comprometerme y poner mi granito.

Nunca me cansaré de dar gracias una y otra y otra vez. GRACIAS, por hacerme sentir especial.

"El cáncer ha sido lo mejor en mi vida", es una frase común entre algunos sobrevivientes (me incluyo). Entiendo que la razón es porque se abre una oportunidad para volver a empezar, desechar lo que no me sirve o me hace daño y tomar mejores decisiones a través de mucha introspección. ¿Será posible empezar de cero? Para mí así fue, sobre todo en la parte emocional. La razón de esta conclusión fue cuando entendí que un alto porcentaje de todo tipo de cánceres recae en lo emocional y en algún momento del proceso decidí que podía empezar como hoja en blanco. Este proceso de reescribir quién soy me ha llevado tiempo y paciencia y en el recorrido tuve una revelación que me ayudó a entender y simplificarme las cosas. Alguna vez me preguntaron en una reunión si sabía qué es lo contrario al amor; para mi asombro la respuesta es el miedo, no el odio –como varios de los que estábamos presentes pensamos–, sino el miedo. Tomando en cuenta los dos conceptos anteriores, por lo común el cáncer tiene un origen emocional y lo contrario al amor es el miedo, ésta fue mi conclusión. El tumor fue sólo el síntoma que mi cuerpo presentó por miedo a algo. Al cáncer le toma tiempo desarrollarse, y en general la medicina holística coincide en que cualquier síntoma del cuerpo está relacionado a un conflicto emocional que cargamos desde la niñez y se dispara en algún momento de shock emocional. ¿Cuál ha sido mi conflicto? Quizá, después de leer mi historia, puedan encontrar una respuesta diferente de la mía, pero por ahora creo entender con mayor claridad cuál es el origen de mi conflicto. Yo viví una constante batalla en intentar hacer que me aceptaran tal y como era: desde mi manera de pensar, sentir, mis gustos y elecciones, viví en resistencia permanente, traté de guardar todo el amor que sentía porque creí no ser aceptada así como era. Guardé mi libertad de mostrar cariño porque de alguna manera me hice a la idea de que si abría mi corazón, era más factible que me lastimaran y me rechazaran. Me fue más fácil construir barreras alrededor del corazón para que fuera intocable. Convertí mis sueños en lo primordial para vivir a través de la pasión y el éxito, así las personas quedarían en segundo plano. De niña me retraía, me encerraba en mi habitación y desaparecía. Tal vez era más seguro pasar más tiempo en soledad. Me cambié de escuela varias veces hasta encontrar un lugar donde me sentí más libre de ser quien era, lo que ocurrió hasta la preparatoria. Fui de pocas amistades, pero me aseguré de que fueran verdaderas y duraderas, me tomó muchos años encontrar amigas con las que me identificara y que, además, no juzgaban como era por fuera ni por dentro. Me costaba mucho trabajo enamorarme, por lo que tuve muchas relaciones cortas que rápidamente descartaba porque perdía interés. Recuerdo alguna vez que un profesor, con el que me llevaba muy bien, me dijo que él nunca hubiera podido andar con una niña como yo; pues sólo le bastó verme unos segundos con el novio en turno, quien se mantuvo todo el tiempo atrás de mí, mientras yo estaba muy atenta a mis cosas sin prestarle atención ni darle el lugar como mi pareja, ni sentir empatía con el compadre; la verdad es que sí me dejó pensando. Me sentí muy mal y cuando lo analicé no me quedó otra más que romper con él, porque evidentemente seguía con un mismo patrón y sólo lo afectaría. No me permitía involucrarme tanto como para mantener mis intereses a un lado, y cuando comprendí mi error fue cuando decidí abrirme más a la posibilidad de enamorarme sin reservas y tener una relación más seria y duradera, lo que tuvo como resultado encontrar a Pablo. Aunque tiré la toalla en varias ocasiones e intenté alejarlo, siempre regresó y descubrí lo buena que soy para amar sin permitir que el miedo interviniera en el camino para compartir la vida hasta que la muerte nos separe. En general, con todas las personas me limitaba en compartir mis emociones y si me encontraba en un problema, buscaba solucionarlo sola con mis ideas y conclusiones; raramente recurría a consejos externos. Cuando por fin fui abierta acerca de mis miedos y sentimientos relacionados con la enfermedad y a todo lo que había afectado en mi vida personal, una de mis amigas más cercanas me comentó que ella siempre creyó que mi carácter era tan fuerte que no se dañaba como el de las demás personas, y descubrió después de tantos años de conocerme que yo vivía mis procesos emocionales sola y sin buscar ayuda. Creo que hasta ese momento se percató de que todos vivimos momentos de debilidad, miedo y llanto, aun las personas que nos presentamos con armaduras de hierro. Mi mayor conflicto emocional fue creer que aunque yo valoraba mi personalidad y rasgos, otras personas que me eran importantes no los valoraban de la misma manera; mi escudo protector fue no demostrar tanto afecto a las personas.

Si mi intención es sanar por completo, nunca tener regresiones y lograr que mi cuerpo combata las células de cáncer las veces que sean necesarias, tengo que poner todo en orden constantemente, cuidando no sólo mis hábitos, mi manera de comer, ejercitar, pensar, sino principalmente poniendo especial atención a mi manera de sentir, porque todos los días tengo emociones y algunas se vuelven tan importantes que dictan mi forma de actuar. Este mecanismo de escuchar al corazón lo adopté no sólo para entender la principal emoción tóxica del pasado que me llevó a una enfermedad crónica, sino trabajar con las emociones actuales al mismo tiempo. Sí, se volvió fundamental preguntarme cada vez que detecto una emoción por qué me molesta, me lastima, me duele, me inquieta, me angustia. Créanme, no ha sido una tarea fácil. Creo que es el reto más difícil en este camino a la salud, reconocer qué hay en mi corazón que me ha moldeado de tal manera para esconder en el rincón más remoto de mi ser mi diseño original y por qué me pueden afectar tanto cosas tan simples. Tenemos un mecanismo de defensa automático: un pensamiento entra en la mente acompañado de una emoción que instantáneamente afecta al corazón de alguna manera; si es positivo, lo disfrutamos y abrazamos, pero si es negativo, nuestra mente encuentra el caparazón ideal para cubrir el corazón mostrando enojo, indiferencia, inseguridad. Tenemos tanto miedo de no pertenecer, de no lograr, de no adaptarnos, de no ser, que copiamos todo lo que consideramos que nos va convertir en mejores versiones. En lo personal, ahora creo que por más que me esfuerce en mejorarme sería imposible superar la creatividad de quien me diseñó; por eso mismo es más simple amar lo que soy y descubrir a detalle cómo son las curvas y líneas de mi maqueta original.

A través de la escritura aprendí a exponer mis emociones tal como las pensaba y sentía, abrí la llave y desde entonces le perdí el miedo a exhibir lo que soy, lo que vivo y cómo lo enfrento. No sólo ha sido enriquecedor saber que muchas personas se ven reflejadas en mis emociones y encuentran puntos de coincidencia con lo que mi alma piensa y siente; también ha sido increíble entender las marañas que se han formado en mi alma a través de los años y las experiencias que he permitido me marquen. Ahora entiendo que toda solución se encuentra a través del amor, a Dios, a mí, a los demás, a la vida… y todo conflicto se genera a través del miedo a Dios, a mí, a los demás y a la vida; el temor nos limita y cambia nuestra perspectiva, nos quita la libertad de ser genuinos y vivir con mayor paz y, en consecuencia, libres de ser y expresar la verdad que existe dentro de cada uno de nosotros y permitiendo a los demás ser libres frente a nosotros. Cuando percibo un conflicto emocional primero me pregunto cuál es el sentimiento negativo que me está dominando ante una persona o situación y después intento encontrar una idea opuesta a mi temor para abrazarla hasta que mi corazón se convence de ser guiado por el lado positivo.

Realidad y percepción

La lámpara del cuerpo es el ojo; así que, si tu ojo es bueno, todo tu cuerpo estará lleno de luz; pero si tu ojo es malo, todo tu cuerpo estará a oscuras.

Mateo 6:22

Cuando terminé los tratamientos y comencé a rediseñar mi vida me percaté de que cada vez que recibía un diagnóstico médico generalmente pintaba en mi cabeza un futuro negro, con miedo, incertidumbre y posibilidades oscuras que sólo eran parte de mi imaginación; al miedo le gusta bloquear las posibilidades positivas de nuestra mente. Sin embargo, conforme fui avanzando y di los pasos difíciles, una vez que terminó, me di cuenta de que no era tan negro como lo imaginé, sino que fue acompañado por tonos grises y a veces hasta blancos. La visión se nubla cuando te mencionan por primera vez la palabra *cáncer*. La percepción acerca de esta enfermedad es tan oscura que instantáneamente te imaginas desgastada, vomitando, sin pelo, con lágrimas, con días llenos de tristeza, sin esperanza, entre médicos, hospitales y tratamientos; es como si asimilaras automáticamente toda posibilidad extrema de sufrimiento, incluida la muerte y sus consecuencias. Sin embargo, las experiencias que las personas que han pasado por esta enfermedad son infinitamente diferentes y no vives en constante tristeza si no lo permites; tiene sus bajas, sus altas y sus días en donde te encuentras en piloto automático. Cuando estoy frente a un médico esperando ver sus labios moverse para darme resultados y diagnósticos, he aprendido a alegrarme y recibir los buenos con toda aceptación reafirmándome que así seguirá siendo; pero en los casos que han sido feos y difíciles de digerir, trato de separarme del diagnóstico pensando que lo que dicen sus labios sólo se basa en una estadística general, y que las posibilidades positivas son muchas y no acepto que el tumor regresará y que algún día moriré a causa de él. Me reafirmo que ése no es mi destino, que en mi caso todo obra para bien y que la realidad es que no puede saber con exactitud lo que me depara el futuro. Quizá para algunos esto sea ingenuidad, pero para que el cerebro y el corazón se alteren lo menos posible, yo debo ser su primer consolador. ¿Cómo? Recurro a la posibilidad del milagro aferrándome a la fe que trae esperanza, esa esperanza es la única ventana de luz que me puede traer calma en medio de la tormenta. En un cuarto de luz siempre habrá una ventana o una salida, pero si me permito encerrarme en un cuarto de oscuridad es porque de inicio nunca dibujé en mi mente un plano donde existieran ventanas y puertas de salida; no me permito permanecer ahí, porque algunas veces me permití entrar sin darme cuenta, pero inmediatamente dibujaba un punto de luz para tomar un camino que me permitiera encontrar más luz hasta rodearme de esperanza. La misma ciencia ha comprobado que las personas que se aferran a la vida tienen más posibilidades de vivir más años. Mi día para partir llegará, es la única certeza que tengo, pero sé que en este mundo podemos encontrar respuestas y maneras mientras me mantenga en la búsqueda, porque el que busca, encuentra.

¿Realidad o percepción? Antes de casarme recibí un consejo que después del cáncer retomé y he tratado de aplicar con personas y situaciones: tu pareja siempre será para ti lo que tú quieras ver, puedes pensar que es la persona más simpática del mundo o que su simpatía es exagerada y ridícula; lo que no cambia es su personalidad, pero sí la forma en que yo la veo, esto me puede permitir disfrutar su compañía o acabar por desesperarme al dejarme llevar por pensamientos y sentimientos tóxicos. En las vivencias lo tomo igual: las circunstancias se ven en el ángulo en que yo lo quiera observar: sólo cambia mi visión, no el evento, pero sí la manera en que permito que me afecte, y esto hace diferencia en mi forma de enfrentarlas. Un evento muy claro que entendí muchos años después de que lo visualicé erróneamente y me dejó una huella emocional negativa fue cuando, de niña, mis papás pasaron por una de esas malas rachas del matrimonio y mi padre decidió salirse de la casa algunos días y a mí me afectó más que a mis hermanos. Él me llamó y me invitó a platicar; durante la conversación me dijo que él sentía que de sus hijos era la más alejada y que regresaría a la casa si creía que eso podría acercarnos, por supuesto que le respondí que sí, e inmediatamente me sentí culpable con mi mamá, porque su esposo regresaba por mí y no por ella. Se lo reproché mucho tiempo en silencio por ser el causante de esa culpa. Sin embargo, hace un par de años mi mamá me contó que ellos se habían arreglado al poco tiempo de la separación y que le había pedido que me buscara para calmarme y hacerme sentir especial. No creo que él lo recuerde, pero yo guardé ese mal recuerdo por muchos años; para él fue un detalle que aceptó hacer por el cariño que me tenía, pero para mí fue una historia completamente opuesta y lejana de la realidad; mi percepción fue totalmente equivocada y acarreó una maraña de emociones negativas que afectaron mi corazón por mucho tiempo. Entonces malinterpreté muchas cosas que afectaron mi relación con mi papá durante mi juventud, como resultado de percepciones alejadas de la realidad y dirigidas por emociones tóxicas guardadas en mi corazón.

Siento que muchas veces somos malos interpretando sucesos y personas, pero de alguna forma lo seguimos haciendo y creamos una realidad en nuestra memoria que se aleja de la verdad. Todos percibimos de modos diferentes porque nuestros pasados y contextos nos hacen entender de maneras singulares y contrastantes a las de otras personas; eso no significa que poseo la verdad ni que estoy equivocada, simplemente es la realidad que yo deseo admitir. Cuando una circunstancia me duele y me afecta, intento visualizarla desde fuera, tratando de ser objetiva, entendiendo ambos lados de la historia y observando desde diferentes perspectivas para encontrar una respuesta razonable y con inteligencia emocional; si mi ojo es bueno, mi cuerpo estará lleno de luz.

Cirugía al corazón

Pues donde esté tu tesoro, allí estará también tu corazón.

Mateo 6:21 (RVC)

Conforme fui desempolvando mi diseño, actuando a través del amor sin miedo y dejando de interpretar la realidad, me aventuré a hacerle una cirugía a mi corazón, lo abrí de par en par para poder ver qué de mi pasado necesitaba quitar, qué me estaba impidiendo vivir a todo vapor, qué no perdoné y a quién, qué me marcó y por qué, cuáles eventos tatué en mi estructura que dieron dirección a mi manera de actuar. Para lograr identificar con mayor certeza tuve que hacer varias sesiones de escritura: en un diario fui escribiendo todo lo que me venía a la mente. Pregunté muchas veces a mi corazón qué cosas lo golpearon y las respuestas fueron apareciendo poco a poco; meditaba constantemente en lo que me dictaba y recogía resoluciones en mis tiempos de oración. Todo lo puse en papel hasta que fue muy claro y entendí, me releía y se aclaraba aún más. Me ha llevado años descifrar mi pasado, me llevará toda una vida descubrirme por completo, quizá en esta vida no termine de conocer la profundidad que existe dentro de este cuerpo. Lo bueno para mí fue encontrar una forma de comprender cómo se cubre y descubre mi corazón para experimentar y enfrentar todo con simplicidad. Ayer leía la importancia que Dios le dio al día de reposo: una vez que terminó su obra, descansó el séptimo día y lo santificó; en la actualidad está mal visto tomarte tu tiempo para descansar, creemos que lograremos más cosas si nos mantenemos en actividad constante cuando en las pausas es donde podemos ordenar, reconocer y tomar mejores decisiones;

mi cuerpo necesita descanso, pero más que eso, mi corazón necesitó que me detuviera para decirme que estaba herido y quería tiempo y medicina para sanar. Eso sólo lo encuentro cuando me tomo un momento de quietud cada día, cuando le pregunto al corazón cómo se siente y si me expresa temor, tristeza, intranquilidad, frustración, maldad, soberbia, inseguridad, enojo y descontrol me detengo para conectarme con mi espíritu que se conecta con el Espíritu de Dios y, poco a poco, cambia ese sentimiento por amor, alegría, paz, paciencia, bondad, humildad, fe, amabilidad y dominio propio. Toda emoción que pueda llevarme a una "realidad percibida" oscura que limita mi visión y mi actuar se reemplaza por una emoción positiva para entender la verdad y actuar a través de un sentimiento noble que traiga solución y no conflicto. Yo creo que mis hijos se cansan de escucharme decir: "Busca la solución, no te aferres al problema, sólo así podemos avanzar".

Conforme fui entendiendo el contenido de mi corazón pude ve cuáles eran los tesoros que fui eligiendo desde la adolescencia para protegerme de las personas; en mi caso tomaron relevancia las metas y sueños profesionales y, conforme se fueron frustrando, buscaba nuevos retos, siempre estaba en "modo búsqueda"; por supuesto que las personas siempre fueron importantes para mí, pero muchas veces las puse a la par o por debajo de mi realización personal. El matrimonio y mis hijos cambiaron esos ideales, pero la sensación de sentir que no hacía nada de provecho permanecía como una pequeña sombra. En estos tiempos ha tomado tanto valor lo material que olvidamos a las personas; el humano se ha vuelto tan egoísta y mecánico que avanza sin razón para tener más éxito, dinero o poder. Vivimos en un mundo compartido y nuestra naturaleza está hecha para convivir; satisfacer únicamente las necesidades personales trae felicidad momentánea, sin embargo, dar y recibir cariño da un sentido permanente a mi vida, me permite dar respuesta al motivo de mi existencia.

Cuando entendí cuál era el sentido de la vida, las satisfacciones momentáneas dejaron de tener tanta importancia y le di mayor espacio y valor a las personas al igual que a mí misma y dejé atrás ideales de logros personales que jamás satisfacían mi alma. El doctor Vicente Guillén, bioquímico que estudia la genética del cáncer, comentó en su conferencia "El origen emocional de la enfermedad" que "el amor es sentir a los demás como a uno mismo. Sin embargo, esto no es lo normal, ya que la sociedad vive permanentemente pendiente de satisfacer su egoísmo". Mis verdaderos tesoros cambiaron por completo a partir de esta experiencia, sólo tienen nombre y apellido; lo material únicamente son herramientas, son un medio que no debo permitir que se encuentren al nivel de una persona y mucho menos por encima. Se pueden tener metas, éxito, dinero o poder, se puede tener todo; la tarea difícil es nunca permitir que te roben tu paz por no hacer, lograr o tener, ni que sea tu única motivación. Mientras mi atención esté puesta en el ser humano, más grande y valioso será mi corazón y mi razón de vida.

Creer que es posible

Porque con el corazón se cree para justicia, y con la boca se confiesa para salvación.

Romanos 10:10

Se origina en la mente, se cree con el corazón y se confirma con la boca, todo empieza con un pensamiento repetitivo. Cuando escuché al médico decirme que todas las personas con tumores cerebrales malignos mueren algún día a causa de las regresiones del tumor, algo dentro de mí me dijo que no, algunos le llaman voz interna o instinto. El miedo y la duda llegaron unos segundos después, pero primero tuve la sensación de no pertenecer a las malas estadísticas médicas; me he grabado ese pensamiento constantemente, lo repito en mi interior y lo reafirmo audiblemente para que se vuelva realidad; si la fe del tamaño de una semilla de mostaza mueve montañas, es más sencillo creer que mi fe renueva mi cuerpo constantemente, lo hace funcionar de manera correcta y esa fe al mismo tiempo trae consigo la esperanza que me regala más días. Jesús lo dijo en repetidas ocasiones: "Tu fe te ha salvado", y los estudios han demostrado que quien cree firmemente es muy probable que lo consiga. Mi fe está puesta en que si me mantengo en búsqueda, iré encontrando las respuestas en el momento adecuado, confío sin lugar a dudas que cuando trabajo por desintoxicar mi cuerpo físico, alejo pensamientos y sentimientos tóxicos y aprendo a vivir a través de la fe y la esperanza, encontraré ese camino que me mantendrá en este mundo por muchos años más.

En todos estos años que he estado en búsqueda de mi completa sanidad me he convencido y creo fervientemente en que para todos existe un camino de salida; está a nuestro alcance pero sólo lo vemos quienes nos tomemos el tiempo día a día para descubrir cuál es. Éste es el secreto de vivir el presente, cuando somos conscientes de la importancia que toma cada día de tu vida. Nunca tendré un día igual y con cada decisión tomada en todo momento iré escribiendo el libro de mi vida. La parte más frustrante de toda esta experiencia ha sido conocer muchos casos de cáncer, algunos de ellos similares al mío, verlos luchar con todas sus fuerzas y un día descubrir que ya partieron. Me duele, aunque sólo los hubiera visto en pocas ocasiones, porque me volví empática a su dolor. Cada vez que uno pierde la batalla contra el cáncer me desanimo y me animo, me vuelvo cada vez más consciente de que mi caso es un milagro por alguna razón y que mi obligación es compartir lo que voy aprendiendo y entendiendo. Creo firmemente que cuando camino cada día de la mano de quien me creó, me mostrará la forma, la dirección y el momento preciso en que debo avanzar para ser un milagro constante y a largo plazo. Siempre que entraba a una radiación, tomaba mi quimioterapia o cuando me hacían una resonancia magnética para mi revisión, Pablo me decía: "Concéntrate" y al final me preguntaba: "¿Te concentraste?". Desde un principio adopté la dinámica de orar mientras me encontraba en tratamiento o estudio. Me concentraba en confirmar que las células de cáncer perdían fuerza y desaparecían, mi corazón se tranquilizaba y confiaba cuando dedicaba ese tiempo en pedir por mi cuerpo, por que los tratamientos no dañaran mis células buenas y que sólo atacaran las cancerosas, por agradecer lo bueno que esta experiencia traería, por bendecir a cada persona involucrada en mi proceso (médicos, enfermeras, radiólogos, etcétera), y de alguna manera natural todavía mis pensamientos se mantienen firmes en que así será cada vez que asista a una revisión médica; porque lo pido, lo pienso, lo siento y lo verbalizo, sólo por esa pequeña semilla de fe.

Nada de lo que viene de afuera puede contaminar a una persona. Más bien, lo que sale de la persona es lo que contamina.

Marcos 7:15

Métodos para el corazón

He adoptado diferentes técnicas para mantener el corazón lleno de esperanza, alegre, confiado y en paz. Cada mañana la tomo como una oportunidad para descubrir, aprender o entender algo nuevo. Para vivir más en el presente es necesario estar consciente de la importancia que tiene cada día. Es bueno planear a futuro, prepararse y poner un poco de mi atención en las metas que quiero lograr a mediano y largo plazos, mientras no me roben el poder disfrutar el momento que estoy viviendo y el pequeño o gran paso que puedo dar ese día. Las preocupaciones que nos genera esta infinita búsqueda de lograr todo lo que nos proponemos, muchas veces termina por abrumarnos y sentir que no avanzamos, porque permitimos que nuestro pensamiento esté concentrado en el día de mañana que no tenemos asegurado. Los conflictos, la adversidad, la toma de decisiones se realizan cuando se presentan, no antes. Si puedo tomar una acción para encaminarme hacia un propósito debo hacerlo, pero si por el momento no hay nada que hacer y lo único que estoy logrando es llenar mi mente con preocupaciones por lo que pudiera o no pasar, se convierte en una pérdida del tiempo presente. Es importante ocuparme de las cosas cuando las tengo frente a mí y no afanarme por lo que pudiera suceder; tomar precauciones es bueno mientras no abrume mi mente con pensamientos tóxicos de agobio. Cada día se presenta con sus pequeños retos y complicaciones, será más difícil cruzar esas pequeñas piedras del día si llevamos una carga pesada sobre los hombros llamada futuro.

> Así que, no se preocupen por el día de mañana, porque el día de mañana traerá sus propias preocupaciones. ¡Ya bastante tiene cada día con su propio mal!
>
> Mateo 6:34

Para lograr vivir cada día consciente de su importancia, me ha sido necesario incluir en mi día a día las siguientes acciones para el corazón. Sería una mentira decir que he logrado aplicarlas a diario desde que las adopté, pero las tengo en mente y las aplico cada vez que las recuerdo. Con el tiempo van formando parte de mis hábitos y seguramente en algún momento serán automáticas y parte de mi esencia. Ésa es la idea que tengo en mente para renovar mi corazón:

1. **Agradecer al amanecer por ese día regalado** y estar consciente de las oportunidades que pueda presentar. A veces puede ser para avanzar con algún proyecto, empezar algo nuevo o simplemente disfrutar lo que ya tengo. La importancia no radica en si hice mucho o poco, sino en que sepa disfrutar y agradecer por los días activos y los días de descanso, los buenos y los malos. Algo sucede cuando agradezco, aunque prefiera no

vivir esta situación; es mágico cómo cambia mi sentir cuando agradezco por tener vida, por confiar que aunque las cosas se ven grises sé que todo pasará y al final podré ver lo bueno que me trajo la tormenta. Agradecer por adelantado me da la seguridad de que el resultado será bueno, que será un día que me ayudará a avanzar, que encontraré solución y que creceré en el proceso: si no te tira, te hará más fuerte.

2. **Reconocer cuáles son las pequeñas cosas que me hacen feliz** y sonreír cuando las vivo. Me basta con encontrar mis instantes de alegría: un atardecer, un buen café, las risas de mis hijos, sus caritas hinchadas y pelos desordenados por la mañana, una buena plática con vinito con mi marido, una corridita por la naturaleza, cantar, abrazos, besos, carcajadas, recuerdos, y cuando lo pienso la lista se vuelve cada vez más larga. Las cosas simples son las que llenan nuestro corazón y cuando las reconozco las busco con mayor frecuencia y trato de vivirlas y repetirlas, porque de ellas no me canso.

3. **Preguntar a mi corazón cómo se siente** y por qué se siente así. Es más fácil acomodar mis emociones que las de las demás personas o que las circunstancias. Creemos que resolvemos los conflictos enfrentándonos a otros cuando la solución más sencilla es enfrentarte a ti mismo y ponerte en los zapatos de la otra persona para entender cómo lo está viendo; ésta es la única manera de encontrar un punto intermedio o satisfacción. La humildad nos permite observar las circunstancias desde diferentes puntos de vista, incluso desde las experiencias ajenas. Una persona humilde pone a lado sus intereses para mirar los de otros y muchos confunden esta cualidad por

debilidad, cuando en realidad ella puede ampliar tu perspectiva lineal a una de 180 grados. La tristeza, enojo, desinterés, apatía, miedo y rechazo sólo son sentimientos que nos muestra el corazón. Se vale darles unos minutos para manifestarse mientras no te roben el tiempo. Es necesario aprender a hacer a un lado la emoción negativa, preguntarte por qué estás reaccionando de determinada manera y moldearte. Algunas personas son más emocionales que otras, pero todos nos movemos a partir de cómo nos hacen sentir y no como realmente son las cosas; metemos de nuestra cuchara al querer interpretar personas y situaciones que muchas veces sólo son reales para nosotros.

El corazón alegre se refleja en el rostro, el corazón dolido deprime el espíritu.

Proverbios 15:13

4. **Nunca olvidar premiarme por cada esfuerzo.** Cuando me propongo algo, termino algo o avanzo en medio de las crisis, es importante festejarme y celebrarlo. A veces sólo basta con una escapada, un momento de descanso o hasta algo material, aunque sea pequeño. Lo empecé a hacer cuando tuve mi primera radiación. No soy claustrofóbica, pero en los tratamientos, como el que me realizaron, utilizan una máscara de plástico rígida con agujeros diminutos que se engancha a una cama de metal, sin hoyos para los ojos o nariz; la razón de esta máscara es para que la cabeza no se mueva ni un milímetro y que la radicación sea exactamente en el mismo lugar en

cada sesión. No tardan más de diez minutos, pero la primera es más larga porque calibran la máquina hasta que el médico está conforme. Me dijeron que serían quince minutos pero al concluir, el doctor no estaba conforme por lo que tardaron otros quince minutos más, que se me hicieron eternos y le siguieron otros diez de tratamiento; para los últimos minutos las lágrimas no paraban por lo desesperada y enojada que estaba de vivir esa situación. La ansiedad me superó y cuando salí, me prometí regalarme un accesorio por cada radiación. En lo personal era un reto fuerte pasar por ese proceso cuarenta y dos veces. Premiarme ha sido una forma de reconocer los esfuerzos que voy haciendo y me ayudan a valorar lo que hago, lo fácil y lo difícil, además de motivarme a proponerme nuevos retos.

5. **Reír más seguido.** Leí la historia de una mujer que está convencida de que se curó de cáncer por esforzarse a reír: le pidió a su hija que buscaran dos momentos del día para reír hasta terminar en carcajadas. En sus sesiones incluían chistes, recuerdos, anécdotas, cualquier actividad que les facilitara esa reacción y con el tiempo los momentos de risas se volvieron más fáciles y espontáneos. Yo no he aplicado esas sesiones, pero la risa nos hace olvidarnos de la tristeza, el enojo y el dolor. Reírse de uno mismo o de la condición puede parecer cruel, pero si lo hacemos de la manera correcta, puede llegar a ser medicina para el corazón. Reírme de mí misma o de las circunstancias que están fuera de mi control ha sido la forma más sencilla de romper con mis ciclos negativos; si algo me molesta y se sale de mis manos, si algo duele o me

provoca angustia, si algo me desespera y me cuesta trabajo soltar los pensamientos tóxicos que se desarrollan alrededor de un evento, reírme de mí enojo o preocupación aligera instantáneamente la carga, además de que me permite observar las cosas de manera más objetiva para entrar en razón. Hace un par de años fui con una amiga a un spa; nuestra amistad se dio por los esposos, pero coincidimos en situaciones de salud: yo por el cáncer y ella padece insuficiencia renal. Tenemos un idioma a partir de las enfermedades que sólo ella y yo entendemos, así que nos burlamos con cierta crueldad de nuestra situación; creo que nos sentimos cómplices, lo cual nos aligera de alguna manera. Antes de nuestro masaje nos entregaron un cuestionario donde teníamos que responder preguntas como cuáles eran nuestras enfermedades, cirugías y medicamentos. No pudimos evitar ver nuestras respuestas y los ojos de la señorita cuando las leyó. Instantáneamente soltamos la carcajada. Nunca recordaremos si fue bueno el masaje o no, pero esos cuestionarios jamás los olvidaremos, y cuando los recordamos volvemos a reírnos.

El corazón alegre constituye buen remedio; mas el espíritu triste seca los huesos.

Proverbios 17:22 (RVR 1960)

6. **Agradecer antes de dormir** y reconocer los pequeños regalos que me dio ese día. Antes de cerrar los ojos me gusta recorrer los momentos desde el amanecer hasta el anochecer, recordando las cosas que me sorprendieron porque mientras mi

cabeza los recuenta me hace más consciente de las cosas buenas. Dar gracias por la noche me permite observar con claridad los empujones que me ayudaron a lograr un paso adelante y reconocer los esfuerzos que hice para alcanzar algo. Agradecer noche tras noche me ha ayudado a entender que las épocas difíciles pasan, que tienen siempre una buena resolución y que crecí en el camino. Agradezco a Dios antes de cerrar los ojos porque de esa manera le reconozco todo lo que me da.

31 de mayo de 2013

¡Feliz cumpleaños para míiiiii! 35, 35, 35. TREINTA Y CINCOOOO, ¡y lo grito a todo pulmón con el aire que me llena! Nada como escribir con el sentimiento que me invade, con la emoción por festejar cada año que me ha traído al punto donde me encuentro hoy.

Gracias por diseñarme de esta manera y sembrarme en el lugar exacto para esculpirme, por regalarme los hermosos extremos en mis papás y rellenar ese espacio con mis tres grandes compañeros, qué buen cuarteto te sacaste de la manga. Disfruté mi niñez enormemente y recuerdo con un profundo sentimiento de felicidad mi juventud. Cada persona que fue parte de mi camino en lapsos cortos, pero que me marcaron el corazón y son parte de mis recuerdos; mis grandes amigas que mantienes milagrosamente a mi lado y las que se fueron agregando con los años que se han vuelto indispensables. Gracias porque a pesar de darme una familia perfecta para mi persona, no te cansaste y la volviste más grande y con todos ellos me has hecho sentir especial a través de sus ojos. Gracias,

gracias, gracias por darme la oportunidad de enamorarme y ayudarme a formar un camino compartido, por permitir que nuestros caminos se encontraran para darme el mejor compañero en lo próspero y en lo adverso, mi piso, mi soporte y mi plan de vida. Por adornar nuestras vidas con tres angelitos que nos recuerdan todos los días lo que es importante. Te agradezco por esta tormenta que me sacudió, encontraste la forma de recordarme de por vida que mi lucha es ser siempre mi mejor yo, a pesar de cualquier pesar. Gracias por la libertad que me das para escoger la dirección de mis pasos. ¡Éste será un día de mucho celebrar!

7. **Ser más generosa** es un hábito que creo siempre puede ir en aumento, es como una vitamina para el corazón, porque cuando das recibes, no de manera interesada; simplemente se vuelve gratificante saber que le regalaste un momento agradable a otra persona y cuando recibes una sonrisa de agradecimiento a cambio, el corazón se llena por un instante. Empecé por tratar de sonreír a desconocidos al cruzar miradas, a dar los buenos días con mayor frecuencia, a ser amable con las personas que me atienden, desearles un buen día, regalarles una bendición, ser tolerante cuando algo se le complica a otro porque desconozco el motivo, a ceder el paso, mejorar mis propinas, ayudar cuando alguien lo necesita. Cualquier regalo, en lo pequeño y en lo grande, económico o afectivo es bien recibido cuando lo das con alegría. Generalmente es más fácil ser generosa con las personas cercanas, pero dejamos a un lado a los desconocidos. Para mí es más fácil ser generosa con la gente

que quiero, y cuando se trataba de una persona con la que no era necesario conversar no consideraba importante reconocer su existencia. En el hábito de dar se puede sembrar semillas de generosidad para que, a su vez, otros se motiven a ser generosos con los demás, y los ejemplos que pongo son cosas pequeñas, pero la idea es siempre ir a más, entre más das más recibes y entre más tienes más puedes dar.

Las palabras amables son un panal de miel; endulzan el alma y sanan el cuerpo.

Proverbios 16:24 (RVC)

15 de noviembre de 2012
29/33 radios 37/42 quimios. Hoy me regalaron unas pulseras Yoi, tan sencillas como hilo de dos colores tejidos. Su significado es la parte importante, es para recordar a quien las usa que cada vez que las vea me recuerde y me dedique un pensamiento, una oración, luz, palabras o, como dijo Iñaki, mi niño de cinco años, un chiste, pero chistoso, por favor. Esto me hizo pensar y recordar cada uno de los regalos que he recibido, muy diferentes en sus formas y tamaños, pero iguales en su significado; un tiempo para mí, apoyo y dedicación a mí, amor y compasión por mí. Quiero confesar que siempre he sido malérrima en los detalles, llamadas, cumpleaños y regalos; a pesar de tener un esposo que me repitió incansablemente que pusiera más atención en esto, evidentemente nunca me esforcé y me justifiqué en aceptar esta forma de ser tan mía. Ahora que he decidido cambiar mi actuar, lo quiero hacer en

todas las formas que me han regalado: palabras, mensajes, tiempo, detalles, regalos, felicitaciones, sin importar su tamaño o valor, pero con la única intención de dar un poco de mí, porque al final lo que nos llevamos y recordamos no es lo material, sino a las personas que nos acompañaron al caminar. Cuando sea mi turno de partir, después de muchos años vividos con el pelo blanco e incontables arrugas y experiencias, no guardaré sus regalos pero sí el recuerdo y la emoción con que los recibí.

8. **Poner atención a los mensajes del cielo** me ha facilitado el camino, sentir que existe un complot a mi favor le da confianza a mi corazón de que la dirección que va tomando es la correcta. Después de agradecer por la mañana pido por que abra todos mis sentidos para entender por dónde avanzar y qué puerta cerrar. Como ya lo he mencionado anteriormente, cada persona es única y por lo tanto su camino tiene esta misma cualidad: es irrepetible, no hay posibilidad de plagio. Los temas que se presentan, las personas, las coincidencias y toda información que he recolectado en el tiempo son pistas que le dan forma al mapa personal; solita la mente va captando los detalles principales y mi corazón lo confirma porque sabe, simplemente sabe dónde se encuentran las respuestas y las direcciones a seguir. El único esfuerzo que hago en esta dinámica de estar consciente de los mensajes es estar alerta la mayor parte del tiempo, poner atención en lo que veo, escucho y, sobre todo, en lo que siento. Requiere de muchas preguntas que Dios no se cansa de responder; algunas veces las contesta

inmediatamente, mientras otras permanece en silencio, y los silencios significan que todavía no es el tiempo para entender, pero siempre llegarán las respuestas a su tiempo si las busco.

17 de diciembre de 2012

Coincidencias... buscando la definición de esta palabra pensé que descubriría un sinnúmero de significados y me topé con muy poca profundidad. Y claro, si sólo las dejamos pasar sin fijarnos y detenernos para entender lo que nos quieren decir, pierden su esencia y sentido en nuestras vidas. Muchas veces buscamos respuestas sin realmente buscar, bloqueamos los sentidos permitiendo que el miedo y la frustración se apoderen de nosotros y le damos entrada a la confusión, nublando nuestros pensamientos y haciendo que la visión se opaque. A esto los invito. Tal vez si le diéramos la oportunidad a nuestra alma de escuchar y encontrar el significado a las coincidencias que nos encontramos día a día podríamos descifrar la forma en la que el cielo nos habla. Una nueva manera de manifestarse la confianza donde podemos guardar la esperanza de que siempre hay respuestas, y que llegan sin esfuerzo, porque ahí, en ese momento de coincidencia, es donde encuentras consuelo. La esencia de las coincidencias son los apapachos de Dios y el sentido, conectarnos...

9. **Cuidar lo que sale de mi boca** resulta ser un método de reafirmación y desintoxicación. Ya he hablado del poder de mis pensamientos y del impacto que pueden tener mis palabras para reforzar con mi voz lo que deseo que se cumpla: sanidad

completa. De igual manera, mis palabras tóxicas tienen un fuerte impacto tanto en mi vida como en las vidas de otros; con los mismos labios puedo bendecir y maldecir, no sólo se trata de hablar palabras de vida y de salud para mí, de victoria en mi guerra contra el cáncer, sino de empezar a regalar palabras dulces, amables, positivas y cerrar la boca cuando tengo la necesidad de exponer críticas destructivas. De nada me sirve agredir mi persona ni la de otros; porque además de afectar a la otra persona, me afecta físicamente porque lo hablo desde el enojo, la tristeza, la envidia y el coraje, emociones que estresan mi cuerpo: si lo pienso, lo siento y lo digo, lo refuerzo.

Lo que contamina a una persona no es lo que entra en la boca sino lo que sale de ella.

Mateo 15:11 NVI

En la lengua hay poder de vida y muerte; quienes la aman comerán de su fruto.

Proverbios 18:21 NVI

El que refrena su lengua protege su vida, pero el ligero de labios provoca su ruina.

Proverbios 13:3 NVI

La lengua que brinda consuelo es árbol de vida; la lengua insidiosa deprime el espíritu.

Proverbios 15:4 NVI

Cuando me puse a investigar sobre la importancia de mis palabras y el poder de ellas, descubrí muchos versículos y encontré que tenía que cuidar más lo que digo que lo que como. Se me hizo lógico buscar pensamientos, sentimientos y palabras positivas para desintoxicar mi mente, mi corazón y mis palabras cuando algo negativo se quiere escapar. Al presentarse sentimientos y pensamientos destructivos, es mejor que guarde silencio, los analice y una vez que descubra la raíz de esas ideas y emociones las encauce hacia algo bueno. Muchas corrientes han encontrado que si los padres les hablan con palabras amables alientan a sus hijos, y si les regalan comentarios lindos, su seguridad es mayor; en cambio, los niños que reciben constantemente adjetivos descalificativos y son desanimados en lo que hacen tienen baja autoestima. Son marcas y etiquetas que adoptamos desde niños porque las escuchamos tanto que las aceptamos como realidad. Los corazones de los adultos se ven afectados igual que los de los niños.

Conectando con el espíritu

En cambio, el fruto del Espíritu es amor, alegría, paz, paciencia, amabilidad, bondad, fidelidad, humildad, y dominio propio.

Gálatas 5:22

He incluido en este libro muchos de los versículos que me fui encontrando en el camino a la salud. Durante la enfermedad tuve una gran necesidad por encontrar respuestas, no el porqué, sino el para qué; y aunque las fui encontrando en la cotidianidad siempre había alguna persona que me mandaba versículos que confirmaban los mensajes que había recibido de otras fuentes. Algo muy común, cuando estás en tratamiento, es que la gente te envía oraciones, textos de fe, palabras de esperanza, te hacen saber que están pidiendo por ti y lo más increíble es cuando se unen en cadena de oración dedicada a pedir por tu milagro; muchas respuestas llegaron a mí a través de otras personas.

A partir del cáncer permití que en la estructura de mi ser, integrado por el cuerpo, el alma y el espíritu fuese este último el dominante. Por la sencilla razón que cuando me dejé encaminar por mi mente y mi corazón, el rompecabezas se rompió y terminé afectando mi cuerpo físico, abriendo la posibilidad de que terminara mi vida sin querer, fue simple ignorancia. Seguí los modos de la gente común, que cree que tiene todo bajo control y que las cosas feas les suceden a los demás menos a uno, pero sí me sucedió a mí. Aunque me dolió que Dios permitiera que me alcanzaran los días tristes y los momentos de pánico, nunca se lo reproché, entendiendo que respetó las incontables veces que decidí tratar de vivir mi vida sin su compañía y su consejo. Sabía que llegaría el día en que los recursos que Él mismo había puesto a mi alcance o con lo que me había equipado serían lo suficientemente sólidos para recorrer esta etapa de mi vida; Dios sabía la fecha exacta en que me rendiría y le entregaría todo para que regresara el orden y la calma a mi vida. Yo decidí darle el control completo de mi vida cuando el tumor regresó por segunda vez. Sí había mejorado mi comunicación y mi necesidad de Él desde que me diagnosticaron el tumor, pero fue hasta después que decidí tomar el control de mi enfermedad cuando empecé a consultarlo con preguntas grandes y profundas, y sobre todo con las más cotidianas y simples. Mi oración desde entonces siempre incluye pedirle que me muestre el camino por el que debo andar, que cierre las puertas por las que no me toca entrar y abra únicamente el camino diseñado para mí, y al final, siempre al final, dejo mi destino en sus manos incluyendo la frase "pero haz siempre tu voluntad en mi vida", porque confío que sus formas serán siempre las mejores para mí. La clave en mi viaje a la sanación y en la renovación de todas las áreas de mi vida ha sido conectar siempre mi espíritu con el Espíritu de Dios. Pero yo creo que es esta parte espiritual dentro de mi ser la que algunas personas le llaman *instinto*; la que nos conecta no sólo con Dios sino con otras personas y con la Creación; la que tiene menos posibilidades de errar. Mi cuerpo es único, mi alma es única, pero mi espíritu es lo único que tengo en común con toda la creación de Dios. Y por lo mismo, Él entiende a la perfección quién soy y cuál es el papel que me toca jugar en este mundo, porque es el aliento de vida en mí y cuando le permito a éste que se entrelace con el Espíritu de Dios, la magia y lo imposible se vuelven posibles, reales, hasta palpables. Para hablar a detalle sobre mis creencias, que se han reforzado después de mi experiencia con la enfermedad, creo que sería importante compartir mi lado espiritual, mi historia con Dios.

Como está escrito: "Las cosas que ningún ojo vio, ni ningún oído escuchó, ni han penetrado en el corazón del hombre son las que Dios ha preparado para los que lo aman". Pero Dios nos las reveló a nosotros por medio del Espíritu, porque el Espíritu lo examina todo, aun las profundidades de Dios. Porque ¿quién de entre los hombres puede saber las cosas del hombre, sino el espíritu del hombre que está dentro del él? Asimismo, nadie conoce las cosas de Dios, sino el Espíritu de Dios.

1 Corintios 2:9-11 RVC

En esto creo

Al igual que en otras áreas de mi vida, mi conexión espiritual y mi camino de fe es único, la relación que voy descubriendo, desarrollando y creciendo con Dios es irrepetible; cada padre, aun cuando es la misma persona, se relaciona de manera muy distinta con cada hijo y en cada etapa de su vida. Así lo veo con Dios, el lenguaje es diferente para cada uno y está en cambio continuo. Siempre encuentro nuevas preguntas: ¿por qué?, ¿para qué?, ¿cómo?, ¿cuándo? Las respuestas a veces son inmediatas y hay otras que me lleva más tiempo entender. Mi forma de buscar a Dios –antes de necesitarlo con desesperación– era a base de petición, de mí hacia Él, pero nunca me pregunté durante el proceso si lo que pedía era bueno para mí o si había mejores opciones que no podía visualizar. Mi oración se convirtió en diálogo: yo pregunto, Él responde, de aquí para allá y de allá para acá. Con el tiempo entendí que no está lejos, sino está aquí y dentro de mí, por eso las conversaciones se han vuelto inmediatas para mí.

Las respuestas se presentan de diferentes maneras y nunca me deja de asombrar lo presente que puede estar en mi vida, si me lo permito. El diálogo con Dios se practica, no es de un día para otro; no porque Él no pueda lograrlo inmediatamente, sino porque me da la libertad de decidir cómo y cuándo, qué tan frecuente y qué tan dependiente quiero ser. Él siempre está a la espera, paciente y deseando que lo voltee a ver lo más posible para darme lo que le pido; siempre va un poco más allá de mis límites, me deja descubrir secretos increíbles que no hubiera podido conocer si no me hubiera dado la oportunidad de tener una relación aún más cercana.

Clama a mí, y yo te responderé, y te enseñaré cosas grandes y ocultas que tú no conoces.

Jeremías 33:3 RVR1960

En el proceso me he encontrado con la necesidad de entender y definir cuáles son las principales creencias que me mueven, que para mí son verdades que me simplifican el recorrido. Ha sido importante establecer con claridad mi creencia porque siento que debo caminar de acuerdo con lo que creo; me ha ayudado a mantenerme consciente de mi manera de actuar frente a la vida, personas y eventos. En mi casa la fe ha sido la forma más sencilla de explicar la diferencia entre lo bueno y lo malo, y no sólo los mandamientos de no robarás y no matarás, sino hacer conscientes a mis hijos de que cada decisión que toman en cada día de sus vidas tendrá un impacto positivo o negativo tanto en sus cabecitas como en sus corazoncitos, que son tan vulnerables e inocentes a sus cortas edades. Y pongo como ejemplo la manera en que educo a mis hijos porque es mi principal tarea en esta etapa de mi vida, además de que los niños son mucho más espirituales que los adultos. Al implementar en ellos mi nueva manera de pensar y sentir, he podido reforzar estos mismos conceptos en mi vida para conformar una actitud renovada y enfocada en ser y dar a través de la bondad y humildad.

En esto creo:

1. Creo que existe UN CREADOR que diseñó todo desde el universo hasta las partículas más pequeñas en mi ser.
2. Creo que la FE es la herramienta más importante para encontrar ESPERANZA, mantener la PAZ en la adversidad y encontrar respuestas cuando ya no queda nada por hacer.
3. Creo que el principal PROPÓSITO en mi vida es AMAR a Dios, a mí misma, a quienes me rodean, a la vida y que las cualidades que me proporciona este cuerpo, las herramientas y oportunidades que me otorga esta vida son sólo vehículos para completar este propósito esencial.

4. Creo que mi **MOTIVACIÓN** debe ser siempre **AVANZAR** y mantenerme en una continua **RENOVACIÓN** en todas las áreas de mi vida.

5. Creo que las **CIRCUNSTANCIAS** que se me presentan no son las que dictan la **CALIDAD de mi vida,** sino las decisiones que tomo frente a ellas y a partir de ellas se forma mi actitud.

6. Creo que la **LIBERTAD es el mayor REGALO** de Dios. Aunque Él conoce el mapa de mi vida, me entregó el volante para yo tener la última decisión sobre ella.

7. Creo que la única manera de disfrutar esta vida es **VIVIR el hoy, SOLTAR el pasado y nunca AFERRARME al futuro.**

Conociendo a Dios

Uno de mis focos para dar pasos nuevos en mi parte espiritual fue conocer a Dios, no sólo a través del tiempo que paso con Él, sino también como lo describe la Biblia. Una vez me preguntaron con quién me relacionaba más, si con Dios Padre, con Jesucristo o con el Espíritu Santo. Me llamó la atención la pregunta porque nunca me había cuestionado la Trinidad ni su esencia, ni siquiera había pensado en separarlos en mis oraciones. El concepto no es fácil de entender, por eso le pregunté a Dios y ésta fue la mejor respuesta que me permitió entenderlo: escuché a una señora contar que su hija le pidió que le explicara justamente el misterio de la Trinidad y ella tuvo que pedirle a Dios que le enseñara una forma sencilla para explicárselo, y Dios le mostró una manzana, que es una misma cosa formada por tres partes: la semilla, la pulpa y la cáscara, cada una con funciones diferentes. Con esta explicación diseñada para una niña me fue más que suficiente para entender este misterio con mayor claridad. Después me puse a la tarea de buscar las descripciones de cada uno y me asombré de encontrarme con tres personalidades totalmente diferentes y cómo cada uno cubre distintas necesidades; Dios como el papá a quien le pido y me concede su tiempo; Jesús como el amigo, el que me acerca al Padre, el ejemplo que me muestra las mejores enseñanzas para caminar de mejor manera; y el Espíritu Santo como la parte más tierna de Dios que me acompaña, me consuela y me fortalece haciendo mi camino menos pesado. Mi oración o diálogo para cada uno es diferente porque ya los veo con sus características individuales. La religión, en lo personal, me mostraba a Dios a través de los ojos de otras personas: lejano, juzgador y duro; pero esas ideas fueron cambiando cuando empecé a dedicar un tiempo diario para conocer a Dios a través de mis ojos y con lo que Él me ha ido mostrando. Constantemente me doy cuenta de que me juzgo más duro por mis errores, mientras que Él observa todo lo que hago con amor, sabiendo que aprendo de mis equivocaciones y desea que lo consulte más seguido para mostrarme la salida más sencilla. La religión me ha servido como una herramienta de alimento espiritual, leo a Dios en las historias de otros, que en ocasiones me brindan respuestas o nuevas ideas. Intento tener presente que los humanos nos equivocamos con frecuencia, necesitamos leyes, rutinas, sentido de pertenencia y saber que no somos los únicos locos que pensamos y actuamos de alguna forma; convertimos la sencillez de Dios en complicaciones humanas. Aunque escucho lo que otras personas piensan o sienten acerca de Dios y sus conceptos, me gusta verificarlos directamente con Él. Son las religiones y las personas las que son rígidas y difíciles de moldear. La religión me imponía creencias con las que no estaba de acuerdo; en cierta forma me hacía juzgar a Dios como bueno en unas cosas, pero en algunas otras me parecía muy duro, y esto me alejaba de él. No puedo decir que ya lo entiendo todo o que mis dudas se despejaron completamente, pero poco a poco Él me ha mostrado el camino, y estoy segura de que nunca dejaré de descubrir y entender conceptos. Muchas ideas que antes tenía han cambiado pero, sobre todo, he comprendido que me tomará toda una vida llegar a la verdad absoluta. En algunas cosas la encontraré, pero en otras lo sabré el día que lo vea frente a frente. Por lo pronto, mis preguntas se han vuelto más inocentes y menos juzgadoras. He llegado a la conclusión que como Él me conoce mejor de lo que yo me conozco, porque soy su diseño, es el indicado para ayudarme a entenderme. Ha sido mucho mejor para mí conocerme a través de sus ojos y no sólo a través de los míos y de los demás.

Una historia muy personal

Ésta es mi historia con Dios. Es la clase de historia que guardas en el corazón, que no sueles contar porque es tan personal que sientes que los demás no la entenderán igual que la entiendes tú, porque está creada a tu manera, diseñada para que tu alma y tu persona –única en este mundo– entienda claramente que fue armada por la perfección de Dios. No hay duda. Y sin embargo, es la que más nos cuesta contar, cuentas partes por separado, pero difícilmente expones la película completa. Una vez que el cielo te pide que la cuentes y te animas, se vuelve mágica, pero es sólo en ese preciso momento en que nos pide que la contemos cuando realmente funciona, en su tiempo y a su manera.

Primero quiero ponerme en contexto: desde niña fui educada en la fe puesta en un Dios, además tenía una inclinación por lo espiritual y mi curiosidad me llevó a siempre ser practicante. En algunas etapas de mi vida era más intensa y en otras bastante ausente, pero siempre he creído en el mismo Dios. A los 21 años me fui a tomar un curso de música en Estados Unidos durante seis meses y asistí a clases de Biblia. En ese país las religiones que su creencia está fundada en la Trinidad: Dios Padre, Dios Hijo y Dios Espíritu, se apoyan en la Biblia y se congregan bajo la Iglesia cristiana y de ahí existe una lista enorme de denominaciones: Católica, Bautista, Metodista, Protestante…, en fin, ni me las sé todas, pero es larga la lista; su principal punto en común es Jesucristo. Cada una tiene su manera de operar, pero tienen fuertes puntos de coincidencia, las diferencias radican en cómo viven su fe y qué parte de ella es más fuerte: algunas son rigurosas; otras son menos estrictas; unas se enfocan en el estudio de la palabra, mientras que otras creen en el mover del Espíritu; unas eligen mantenerse tradicionales, y otras deciden evolucionar y renovarse, y así van teniendo su forma de operar. A lo que quiero llegar antes de escribir mi historia es que aunque en esta etapa de mi vida pertenezco a un grupo que nos reunimos para alimentar nuestro espíritu (recuerden que a partir de la enfermedad me he dedicado a buscar un modo adecuado de alimentar mi cuerpo, mi mente, mi corazón y mi espíritu) a través de la oración –el conocimiento de la Palabra de Dios– y lo hacemos los domingos para formar una iglesia como lo menciona el libro de Dios, no me gusta juzgar otras religiones ni instituciones religiosas. Creo que todas tienen el maravilloso objetivo de alimentar nuestro espíritu, que la verdad absoluta sólo la tiene Dios y los que ya terminaron su camino en esta vida son parte de ella. Me ha parecido interesante escuchar acerca de las creencias de otras personas porque siento que la información que tengo en ocasiones se complementa y cuando no coincido se convierte en cultura general. Decidí junto con mi esposo que era necesario encaminar a los niños en la misma dirección que nosotros como pareja, avanzar como familia sobre una misma fe, ser conscientes de que llegará el día en que ellos decidan continuar en la misma línea o tomar una distinta. Pero nos ha resultado menos complejo el rol de padres cuando nos apoyamos en Dios, porque no soy yo quien definió las cosas como buenas o malas, sino Dios, y nosotros como familia estamos de acuerdo con los valores que nos ha mostrado. Pero antes de casarme y tener hijos, en los estudios bíblicos a los que asistía iban personas de diferentes denominaciones a platicarnos de sus vivencias y fue en una ocasión que se presentó un grupo que hablaba del mover del Espíritu Santo y sus dones, en especial en el don de profecía: "Pero la manifestación del Espíritu le es dada a cada uno para provecho. A uno el Espíritu le da palabra de sabiduría; a otro, el mismo Espíritu le da palabra de ciencia; a otro, el mismo Espíritu le da fe; y a otros dones de sanidades; a otro más, el don de hacer milagros; a otro el don de profecía, a otro el don de discernir los espíritus, a otro, el don de diversos géneros de lenguas; y a otro, el don de interpretar lenguas" (1 Corintios 12:8-10 RVC).

Así que ahí les va la historia que quiero contar: ese día hace diecisiete años recibí una profecía. Una manera sencilla de explicarla es que el Espíritu Santo te cuenta los planes que hay para tu vida por

adelantado. Sin embargo, me los avisó en un tiempo en el que duda-
ba de su manera tan misteriosa para operar. Yo siempre me dirigía al
Padre y me olvidaba de Jesús y del Espíritu Santo en mis oraciones;
lleva tiempo poder relacionarte con la Trinidad completa, o por lo
menos así fue en mi caso: en mis oraciones desde niña siempre pedía
a Dios como uno solo, no entendía mucho sobre las tres personalidades de Dios. En esa reunión, una mujer me contó lo que Dios sabía
sobre mi vida, se grabó en un casete (ja, fue hace mucho tiempo), y
cuando salí lo transcribí para leer cada detalle de lo que me fue pro-
fetizado; lo puntualizo así y después iré detallando cada punto desde
mi perspectiva actual y sin seguir el orden en que me fue dicho:

1. Hija, tienes un deseo de darte a los demás y dar a los demás.
2. Haré que un poco de tu paz vaya a esos lugares que no puedes
    alcanzar, te veo reproducir en otros.
3. Tendrás una escuela de dirección musical, enseñaras a otros y
    te replicarás y ellos levantarán escuelas.
4. Observa lo que harás, empezaré a reproducir tu corazón en
    otros.
5. Tienes un deseo de enseñar, voy a sacar esa voz dentro de ti
    que no crees que tienes, la voy a empezar a nutrir y a entrenar
    para llevarla a la posición correcta. A los que llamo al frente,
    equipo; no necesariamente llamo a los equipados, pero siem-
    pre equipo a los que llamo. Soy fiel para darte lo que necesitas
    en el tiempo que lo necesitas.
6. Hija, es tiempo para que la lluvia caiga incluso sobre tu cuer-
    po. Sólo estoy haciendo un trabajo de sanación. Incluso cuan-
    do te sentiste fatigada y cansada y sabías que deberías poder

hacer cosas, traeré sanación y fortaleza a tu cuerpo. Cuando el músculo sintió dolor, estoy causando fuerza y nutriendo a los músculos para que empiecen a funcionar bien, incluso esa maldición generacional de enfermedad.

7. Hija, voy a empezar a vestirte con mantos de justicia y la unción de Ester de prestigio y honor. Estoy trayendo esa unción de reina, esa unción de belleza. Así como Ester se presentaba ante el rey para pedir por su pueblo, tú tienes necesidades en tu corazón por tu pueblo. Me vas a pedir y así como Ester pedía al rey, yo te lo daré porque eres mi reina.

¿Qué significa esto? Justo así como te lo estás preguntando al leerlo, me lo pregunté yo e inmediatamente decidí que esta persona estaba inventando todo. Demasiado esoterismo para mi gusto, nada me resonaba y los deseos de los que hablaba, definitivamente no eran mis deseos. Mi corazón quería cantar, solamente eso, pararme en escenarios y vivir a través de mi voz, ésa era mi pasión. No tenía necesidades por las personas. Claro que a la mayoría de las personas nos gusta ayudar algunas veces, pero yo no era de las que me dedicaría a ayudar a otros, y definitivamente no quería enseñar nada, ésas no eran mis metas. ¿Enfermedad? Ninguna enfermedad por herencia hay en mi familia. Sí, para mí era claro que todo era una gran mentira y que con lo único que me quedaba era con la parte de Ester, eso me parecía muy bonito y lo aceptaba como mío, ¿a quién no le gusta que le concedan todos sus deseos? Por una extraña razón, doblé las hojas y las guardé durante quince años, yo que suelo tirar TODO lo que no necesito, soy muy práctica en ese aspecto, guardo muy pocas cosas. Hace dos años, durante una de mis limpiezas semestrales en las que me encanta sacar todo lo que ya no necesito para tener más espacio, saqué una pequeña caja de recuerdos, con algunas fotos, diarios de mi adolescencia, algunas cartas y uno que otro objeto con valor sentimental. Entre las cartas encontré unas hojas sueltas con mi letra: la profecía de quince años atrás, y al leerla fui entendiendo a lo que se refería. Pude constatar que varios puntos ya se habían cumplido. Las lágrimas aparecieron conforme fui leyendo y me asombré, no lo podía creer. ¿Cómo era posible? Me lo había advertido, conocía cada uno de mis días, mis luchas y mis nuevas necesidades. Siempre creí fielmente en mi Dios. Desde niña participaba en coros de iglesia, catecismo, iba a retiros, di clases a niños pequeños, leí la Biblia, me uní a grupos y otras iglesias para conocer más de Él, estuve de acuerdo con algunas cosas y con otras no, pero siempre creí en el mismo Dios y lo busqué, aprendí a rezar, después a orar, alabar y hasta descubrí que puedes dialogar con Él. Sin embargo, hasta el momento en que me topé con esas hojas entendí lo presente que había estado, tan cercano a mi vida, a mi pequeña persona y tan palpable, sin importar la época, edad o lugar donde hubiera decidido conocer más de Él. Me permitió comprobar que siempre tuvo sus ojos puestos en mí, que le era especial y que cuidaba cada detalle de mi vida.

Quiero ir explicando cada punto para que lo vayas entendiendo desde mi perspectiva y cómo mi cabeza armó instantáneamente las piezas al leer las hojas para entender la película completa.

✶ **Hija, es tiempo para que la lluvia caiga incluso sobre tu cuerpo. Sólo estoy haciendo un trabajo de sanación. Incluso**

cuando te sentiste fatigada y cansada y sabías que deberías poder hacer cosas, traeré sanación y fortaleza a tu cuerpo. Cuando el músculo sintió dolor, estoy causando fuerza y nutriendo a los músculos para que empiecen a funcionar bien, incluso esa maldición generacional de enfermedad.

La lluvia empezó a caer un par de años después de recibir esta profecía y mientras caía me olvidé de mantenerme en contacto con Dios; no dejé de creer en Él pero, sin pensarlo, empecé a caminar sin voltear a verlo. Abandoné la música y la pasión que la acompañaba y guardé mi voz en mi interior, aunque continuamente le cuestioné por qué me había dado este regalo que tanto me gustaba sin ningún fin específico, pues siempre se me cerraban las puertas cuando perseguía esa ilusión. Me casé, ese día fue el inicio de la lluvia, cayó una tormenta tropical mientras festejábamos nuestra boda –al aire libre y sin carpa– y la boda fue increíblemente inolvidable, divertida y no cambiaría ninguna parte de ella. Empezamos a tener hijos y las situaciones médicas nos empezaron a invadir: diagnósticos negativos en la vista de mi primer hijo, las mismas posibilidades para el segundo, hemorragias postparto que casi me llevan a la pérdida de la matriz. Fueron muchos los sustos grandes y pequeños que vivimos con nuestros hijos hasta que finalmente la lluvia cayó sobre mi cuerpo. Me diagnosticaron cáncer de cerebro, y pase por dos cirugías, radiaciones, quimioterapias y la búsqueda interminable de métodos y teorías para encontrar la salud. Fue un periodo largo el que me tomó salir de los síntomas de los tratamientos; el cansancio fue el de mayor impacto porque era madre de niños pequeños que no dejaron de tener necesidades que sólo una mamá puede cubrir, y así los dolores e incapacidades se fueron desvaneciendo. Esta profecía me hizo ver que era importante que me tomara mi tiempo para sanar, Dios sabía que necesitaba un tiempo de sanación física para, al mismo tiempo, sanar el alma, los recuerdos negativos y las emociones que lastimaron mi corazón para derribar mis mecanismos de defensa y volver a empezar. Mientras me fui recuperando, los dolores físicos tardaron en eliminarse por completo pero cada vez que sentía dolor tenía la seguridad de que estaba sanando, y no enfermando. Me cansé y me agoté muchas veces en el plano físico y emocional. Necesité un par de años para sentirme lo suficientemente fuerte a fin de emprender nuevos proyectos de vida y pelear contra esta enfermedad que ha ido en aumento generación tras generación. En un principio la había entendido como una enfermedad que heredaría, pero ahora comprendo que el cáncer se detona en esta generación tanto, que ahora es una de las principales causas de muerte en muchos países. Yo formo parte de los soldados que queremos acabar con esta enfermedad o que deje de llevarse a tantas personas. Es una maldita enfermedad para estas generaciones.

> ☀ **Haré que un poco de tu paz vaya a esos lugares que no puedes alcanzar, te veo reproducir en otros.**

La época de guerra contra el cáncer fue un tiempo de calma en mi vida; una hermosa contradicción entre ser sacudida por el miedo y ser apartada de las cosas de este mundo para entender las verdaderas razones de la vida; una pequeña pausa en el ritmo del mundo donde fui alejada de las responsabilidades, el deber ser, los compromisos,

las manecillas del reloj humano que nunca se detienen por la necesidad de sentirnos productivos. Paso a paso, mi mente fue bajando
toda la información que mi ser procesaba: las emociones, el dolor,
la tristeza, la vulnerabilidad y, junto a ellas, la paz, la fe y la esperanza de que todo este proceso sería transformado en bendición.
Llegar a esta conclusión me ha tomado mucho tiempo, pero en todo
el camino he sentido la certeza de que una luz guiaba mis pasos en
paz y que esos pasos serían los correctos para llegar al principio del
propósito en mi vida. Con mi terapia de escritura que posteaba en
FB para mantener a mi gran familia al tanto, empecé a ver cómo esos
pequeños escritos en redes sociales, que llegaban a lugares inalcan-
zables, llevaban paz a conocidos y desconocidos. Cuando regresé a
cantar, después de inscribirme a clases de canto y empezar a dirigir
la alabanza de la iglesia (hace tres años), fui a tomar unos cursos
durante quince días para líderes de alabanza en un pueblito que se
llama Redding, a estas conferencias asisten cantantes, músicos y
bailarines. Me quedé afónica un día antes de llegar y como la mañana empezaba con una hora de alabanza y adoración, no me quedó
otra más que escuchar, observar y orar la primera semana. Era una
cosa espectacular ver a más de setecientas personas con conocimientos musicales cantarle a Dios con todo el corazón, cada una en
lo suyo, pero unidas en un mismo sentimiento de agradecimiento
y canto. En una de estas sesiones recuerdo haberle preguntado a
Dios: ¿Qué hago aquí? ¿Qué quieres de mí? Y en mi mente vi una
imagen de un trono en el cielo de donde salía una luz brillante que
se dirigía a mi corazón y de mi corazón emergían pequeños rayos
de luz. Este libro es parte de esta tarea que Dios se ha tomado para
esparcir paz que sobrepasa todo entendimiento, y de reproducir un

corazón renovado con la necesidad de ser amado para amar con libertad, que busca identificar con mayor facilidad lo que realmente importa, lo que le gusta, lo que necesita para estar bien, que se llena de las necesidades de otros y que constantemente desecha las malas emociones para lograr ser mejor persona.

> ⁂ **Hija, tienes un deseo de darte a los demás y dar a los demás.**

En mi recorrido para encontrar mi salud, empecé a tener una necesidad por compartir mi historia y las herramientas que me mantenían bien. Al contarla en redes sociales y en directo, las personas me expresaban la esperanza que les llevaba. Empecé a poner atención en las coincidencias que Dios me mostraba en lo que veía, escuchaba y percibía; mis sentidos se comenzaron a entrenarse para volverse más sensibles a las cosas del cielo, necesitaba saber que lo que compartía era lo que Dios me mostraba como su verdad y su camino. Un día una mujer se me acercó para decirme que Dios traería personas especiales, e inmediatamente empecé a recibir llamadas de pacientes con cáncer o parientes de ellos pidiendo consejo e información para enfrentar la enfermedad, así que las traté como Dios me las había mostrado: "especiales para Él". Me conectaba tanto con su necesidad que no sólo oraba por ellas, sino que lloraba por su dolor y me satisfacía ayudar en cualquier pequeña área que ellas me permitieran entrar. Dios me mostró la palabra *misericordia* desde su perspectiva, Él había sembrado la misericordia por estas personas en mi corazón. Si buscas en un diccionario éste es su significado: "latín *misere* (necesidad), *cor, cordis* (corazón), *ia* (hacia los demás). Tener un corazón solidario con aquellos que tienen necesidad. Instruir, aconsejar, consolar y confortar. Sentir o irradiar afecto entrañable". Me entregué a la tarea de dar mi tiempo, mi conocimiento y mi experiencia y dar lo que sintiera que podía dar en cualquier momento y a cualquier persona. Hoy sí soy de esas personas que deseo darme a los demás y dedicarme a ayudar a otros, como me lo dijo.

> ➤ **Tienes un deseo de enseñar, voy a sacar esa voz dentro de ti que no crees que tienes, la voy a empezar a nutrir y a entrenar para llevarla a la posición correcta. A los que llamo al frente, equipo; no necesariamente llamo a los equipados, pero siempre equipo a los que llamo. Soy fiel para darte lo que necesitas en el tiempo que lo necesitas.**

Un día me regresó al canto. Encontré una escuela cerca de mi casa, que pertenece a un amigo del pasado que había dejado de ver hace muchos años, y al poco tiempo en la iglesia, a la que voy los domingos, me permitieron entrar en el grupo de alabanza que participa antes de la plática. Cada día se presentan nuevas oportunidades para hacer más actividades con mi voz. Es la parte que más me gusta, la que más me fortalece y me conecta con el Espíritu Santo, que me lleva a Jesús, quien me permite presentarme al Padre. He descubierto que hay un lazo entre mi antigua pasión y la nueva: cantar y los enfermos de cáncer. Nada es coincidencia y todos los regalos y semillas son dadas por Él por una sola razón: cumplir tu propósito en la vida. La voz que ha entrenado no sólo es para el canto, sino que me va abriendo oportunidades para contar mi historia frente a frente con sólo una persona y con grupos grandes. El mensaje que tengo para otros es cada vez más claro para mí, me sorprende cómo me permite influir de manera positiva en tantas vidas. Ahora entiendo el impacto tan fuerte que puede tener un testimonio frente a otros, el mío y el de todas las personas que se han levantado y se convirtieron en luz cuando tocaron fondo. A todas ellas me gusta tocar para que sea un efecto dominó, donde el impulso de uno contagia a toda una cadena de personas para regalar esta inmensa esperanza de que la vida se camina más fácil de la mano de Dios.

Ha sido fiel en darme lo que necesito cuando lo necesito. Cuando se presentan oportunidades es porque ya descubrí, entendí y adopté las herramientas necesarias para empezar algún proyecto o actividad. Se me han abierto puertas de diferentes maneras para enseñar y compartir todos los conocimientos que he acumulado en esta experiencia de sanar tanto el cuerpo como el alma. No he sentido que no sé o no puedo porque he tenido el tiempo suficiente para obtener experiencia y encontrar información, documentación y material donde apoyarme. Cuando doy asesorías, cursos, conferencias y hasta pequeños conciertos me asombra la cantidad de información que he acumulado y lo mejor es que a pesar de que una de las consecuencias de los tratamientos es la pérdida de memoria a corto plazo, mi cerebro guarda celoso todos esos datos para poder enseñar a otros las herramientas que les sirvan en su camino hacia la salud o para mantenerse en salud.

Hija, voy a empezar a vestirte con mantos de justicia y la unción de Ester de prestigio y honor. Estoy trayendo esa unción

de reina, esa unción de belleza. Así como Ester se presentaba ante el rey para pedir por su pueblo, tú tienes necesidades en tu corazón por tu pueblo. Me vas a pedir y así como Ester pedía al rey, yo te lo daré porque eres mi reina.

Aunque aprendí a dejarme de afectar por otros en mi juventud, una de las cosas que más me llamaban la atención es cómo las personas cercanas –familiares, amigos y conocidos– empezaron a tratarme de manera especial. Muchas veces me han comentado que ven un brillo en mis ojos, que les transmito una luz especial, me han llenado de palabras lindas y Dios me ha permitido brillar de una manera especial. Si antes sentía que las personas no me conocían, ahora no sólo se interesan por mostrarme su cariño, sino que me regalan sus oídos para escuchar lo que tenga que decir; se interesan por conocer más de mí; reconocen la fortaleza que me dio para enfrentar la adversidad y levantarme continuamente. Perdí el temor de contar mis historias y abrir mis pensamientos y sentimientos sin miedo a ser juzgada porque una vez que te ven como guerrera y vencedora, el juicio a tu persona cambia. He sido apapachada una y otra vez. Esa sensación de protegerme y no permitir ser lastimada se ha esfumado por esta historia tan especial que me regalaron. Me es importante reconocer, una y otra vez, que nada ha sido por mis méritos y esfuerzos, sino que Dios me ha dado todo, es una de sus muchas obras maestras, mi vida como la de cada uno de nosotros.

A mí me tocó luchar contra el cáncer, no sólo en mi vida sino en otras, y con las personas que más me gusta compartir, acompañar e impulsar son las que están viviendo o han vivido la misma experiencia que yo. Por ellas pido continuamente y por ellas se preocupa mi corazón. Así que algún peso tendrán mis oraciones por ellas, por algo esta especial unción. Porque así como Ester se presentaba ante su rey para pedir por su pueblo, así me presento con Dios para pedir por las personas que viven el mismo camino que el mío.

- **Tendrás una escuela de dirección musical, enseñarás a otros y te replicarás y ellos levantarán escuelas.**
- **Observa lo que harás, empezaré a reproducir tu corazón en otros.**

Estos dos puntos los seguiré observando. Ya veo algunas piezas del rompecabezas: tengo la sensación de que di los primeros pasos para descubrir el significado. Sé que con Dios no debo tomar las cosas literalmente, sino que me debo dejar llevar y hasta que llegue el momento encontraré el sentido. Mis conocimientos musicales son muy básicos, así que no sé de qué manera planea desarrollar y replicar una escuela de dirección musical. Sé que la música mueve emociones, que ayuda a sanarlas; ya existe la musicoterapia que se emplea para sanar algún tipo de enfermedades o dolencias; me ha hecho entender que existe una relación entre el canto y el cáncer; me encontré con una agrupación coral en Londres con pacientes de cáncer y encontré una institución especializada en programas de cáncer que, junto con una escuela de música, ha realizado estudios donde detectó que cantar genera sustancias que ayudan a que el cuerpo pueda combatir el cáncer y ha logrado ver mejorías en estas personas. También existe la teoría de la física cuántica sobre las frecuencias y la resonancia; no me quiero meter a fondo a explicar este tema, pero lo pongo en un lenguaje sencillo: toda materia genera un sonido y todo tiene una frecuencia, cuando un objeto suena a la misma frecuencia que otro y lo satura de esta frecuencia, el segundo objeto revienta, como el cristal que se rompe con sonidos agudos y fuertes. Hace poco tiempo encontré información sobre un músico que experimentó con diversos instrumentos para observar cómo respondían las células de cáncer bajo el microscopio y después de intentar con muchos de ellos, el único que las hizo resonar fue la voz: el canto. Desde que encontré esta información visualizo que cada vez que canto no existe célula de cáncer dentro de mi cuerpo que logre sobrevivir, porque mi voz las aniquila, las pulveriza. Por primera vez entendí por qué nací con la pasión por el canto: la necesitaba para sanar. Además están las declaraciones de Masaru Emoto, autor japonés que congelaba agua después de exponerla a la música clásica y observaba bajo el microscopio hermosas figuras en forma de cristales de hielo, y cuando ponía música pesada, el agua se tornaba turbia. Si somos 75 por ciento agua, estoy segura de que nosotros también nos vemos afectados de manera positiva o negativa por la música que escuchamos y cantamos. Todas estas teorías y terapias con las que me he encontrado me muestran que hay mucho por descubrir y desarrollar en relación con el canto y el cáncer. En ello creo y me tiene emocionada porque une las dos cosas que más disfruto hacer en cuanto a profesión.

Y si recorres los puntos que mencioné al inicio de este capítulo, verás que la mayoría se ha cumplido en mi historia: la paz que se dirige a lugares que yo no alcanzo, la necesidad de darme a los otros, el tiempo de lluvia desde la boda hasta que tocó mi cuerpo con la enfermedad, el entrenamiento de mi voz que sigue en operación, la sanación, la fidelidad de darme lo que necesitaba en el momento que lo necesitaba y sigo necesitando, para culminar con la unción de Ester que es acompañada por la responsabilidad de pedir por otros para que Dios otorgue.

He podido narrar mi historia en muchas ocasiones, generalmente la parte de la enfermedad, los cambios que he tenido en mi vida como consecuencia y las cosas buenas que me ha traído. Y cada vez que la cuento, descubro que sin tener la intención entrego un regalo. Mi testimonio es un regalo que Dios me dio para compartir porque, al compartirlo, Él regala esperanza, fe, paz o cualquier otra cosa que la persona que escucha necesita en ese preciso momento. Así que mi plan es nunca dejar de compartirla, con todos sus matices y en las diferentes formas que Dios me vaya permitiendo plasmarla, y lo increíble es que cada vez que la recorro descubro nuevos mensajes. La historia continúa y me emociona pensar en los caminos que se abrirán para que yo camine a su lado, con la confianza en que todo en mi vida está en sus manos.

Mensajes del cielo

Así que yo les digo: pidan y se les dará; busquen y encontrarán; llamen, y se les abrirá la puerta. Porque todo el que pide, recibe; el que busca, encuentra; y al que llama se le abre.

Lucas 11:9-10

Mis oraciones se han dirigido, en gran parte, en pedirle que me agudice los sentidos, que me permita ver las cosas con sus ojos, escuchar con sus oídos y sentir su tacto con mayor intensidad, para saber cuándo un mensaje viene del cielo. Le pido que me lo confirme de diferentes maneras para que tenga la certeza de que es Él quien me habla. Lo busco, le hago la pregunta, lo llamo cada vez con mayor frecuencia, no sólo por las mañanas o noches, sino en los momentos cotidianos, porque de esta manera le hago saber a mis sentidos que estoy en espera de un mensaje para que lo capte cuando se presente sin dejarlo pasar desapercibido. Entre más lo busco más me ayuda a saber cuándo es el momento preciso para hablar y cuándo para callar, encontrar compasión cuando mi corazón no la quiere hallar, calmar mis pensamientos cuando no quieren estar quietos, perdonar cuando ninguna parte de mi cuerpo quiere olvidar y, sobre todo, para atreverme a hacer cosas que mis capacidades no se creen lo suficientemente fuertes para realizarlas. Cuando siento que no puedo, pienso que Dios sí puede y que me dará las herramientas en el momento que me atreva a dar el paso. He entendido que eso es tener fe, confiar que me utiliza si yo me dejo utilizar para influir en otras cabezas y corazones. Cuando pregunto, el cielo crea un complot a mi favor para que yo encuentre lo que estoy buscando.

Las coincidencias tomaron un papel importante en los mensajes del cielo. Aprendí a preguntar la razón de su existencia y me gusta observar cómo la mayoría de las veces representan algo importante. Me encanta desenmarañarlas y descubrir su significado; generalmente es porque algo necesitan o necesitas. Las personas no se cruzan por tu camino sólo porque sí, hay un significado más profundo; algo que entregar o recibir, y la verdad es que siempre que das recibes una satisfacción padrísima; éstas también las anoto en mi diario espiritual o las guardo en la mente para encontrar el sentido a ese punto de coincidencia. Me encanta cuando alguien dice: "Justo estaba pensando en ti" o "Soñé contigo", o cuando te encuentras a alguien en diferentes lugares, o cuando alguien pensó lo mismo que tú o tenía la pregunta a la cual tú diste una respuesta anticipada.

19 de diciembre de 2012

Quería aprovechar mis tres horas de avión para poner en papel ideas y, como siempre, compartir un pedacito de este momento. El lunes escribí sobre las coincidencias y me quedé con ganas de escribir un poco más de ellas porque desde hace tiempo las percibo muy seguido y disfruto encontrar su sentido; se han vuelto una guía o confirmación en mi camino con la medicina tradicional y la alternativa, y también porque no sólo se dan para mí, sino para utilizarme en otras vidas. Ayer hicimos el check in online, y corrimos con la mala suerte de no encontrar un up grade. Qué bien nos hubiera servido para la inmensa maleta de regalos de Santa para mis hijos que, obvio, tuvieron que ser empacados con todo y sus enormes cajas. Y aunque Pablo se quejó por la poca fortuna, yo me quedé contenta porque nos tocaron lugares hasta adelante y estaba segura de que alguna coincidencia se presentaría, ya que no es común tener estos asientos sin pagar una cuota adicional. Así fue: estoy sentada junto a una niña de 10 años que me llamó la atención cuando despegamos, porque le agarró la mano a su papá justo al despegar, igualito que lo hago yo con Pablo para sentirme segura (ja, ja, claro que ella con unos cuantos años menos). Esto hizo que me pusiera a platicar con ella para distraerla y que se olvidara del despegue y la angustia que le causaba la inevitable historia de Jenny Rivera, confieso que también lo pensé.

Pues resulta que el propósito de su viaje era visitar a su abuelo que le acababan de diagnosticar cáncer. Esto me dio la oportunidad de regalarle una de mis pulseras (pulsera Yoi) que traía guardada en mi bolsa desde hace mucho tiempo para regalársela a alguien especial, y hoy la encontré. Le conté que esa pulsera tenía el propósito de que al verla le recordaría hacer algo por su abuelo: un abrazo, un beso, un pensamiento o una oración. Estoy segura de que esta historia continuará en su pequeña vida, y aunque nunca tenga la oportunidad de conocerla, me quedo con la alegría y confianza de que un buen propósito continuará, una nueva semilla plantada en otro corazón para germinar en muchos. Y para mí, la confirmación de que somos parte de un gran plan donde todos estamos conectados en momentos y coincidencias. "You can't connect the dots looking forward; you can only connect them looking backwards. So you have to trust that dots somehow connect in your future." S. J. Y termino por contarles que fui a mi primer chequeo, con la noticia de que la imagen se ve muy bien, sin los residuos de tumor que habían quedado de la cirugía, lo que significa que el cáncer está "dormant", adormecido o inactivo. En enero empiezo seis ciclos de quimioterapia, que serán en un plazo de seis meses para ser más agresivos, monitoreando la zona cada dos meses durante un año por el momento. Me siento contenta, confiada y con la certeza de que soy parte de un plan perfecto.

Mi lugar secreto

Pero Tú, cuando te pongas a orar, entra en tu cuarto, cierra la puerta y ora a tu padre, que está en lo secreto. Así tu padre, que ve lo que se hace en secreto, te recompensará.

Mateo 6:6 NVI

Ya lo dije arriba, me gusta ir a escuchar de Dios para aprender, sobre todo llevar a mis hijos a conocer más de Él, pero para mí el lugar donde más lo siento y donde más lo entiendo es en mis momentos de silencio. En inglés la Biblia se traduce como *The Secret Place*, el momento del día donde me encierro en algún rinconcito cómodo para estar solitos Él y yo, y nos decimos lo mucho que nos amamos, donde me consuela, me aconseja y me consiente; donde le platico de la misma manera como mis hijos me platican sus historias del día que más les emocionaron o en los que se entristecieron y enojaron; ahí donde no existe el miedo ni el rechazo, sino el entendimiento y apapacho.

Al principio, cuando me propuse intentarlo a diario, me costaba trabajo porque en las mañanas me interrumpían las responsabilidades y en la noche me quedaba dormida. Tuve que crear un esquema que me acomodara y que incluyera todos los elementos que me encanta hacer:

- Música o canto
- Respiración
- Lectura de la Palabra
- Escritura

- Reflexión
- Meditación
- Oración
- Silencio

No soy rígida con la estructura, pero esto me ha ayudado a pasar mayor tiempo en esta actividad espiritual. Me gusta poner música instrumental o cantar, después respiro por unos minutos para calmar los pensamientos y leo un poco; en la lectura, si hay algo que me llame la atención, un párrafo, una idea o una palabra, lo escribo en un cuaderno (como diario espiritual) y reflexiono sobre ello para escribir todo lo que viene a mi mente. Una vez que termino de escribir, contemplo o medito acerca de la información recopilada, repito las palabras o frases que me resaltaron y oro, agradezco a Dios y platico un rato, tratando de darme un tiempo para pedir por las personas que en ese momento me llegan a la mente y, al final, busco el silencio para sentir la presencia de Dios. Cada experiencia es distinta, algunas veces son muy sencillas y en ocasiones más intensas, pero siempre traen calma y sonrisa, paz, confianza y un inmenso amor. Me dejo conquistar sin cuestionarlo.

Son mis momentos de claridad. Los atesoro porque en cada uno de ellos mi fe aumenta su medida; confío que dirigirá mi día de mejor manera que la que a mí se me pueda ocurrir, porque en sus manos pongo ese día, mi salud y todos los propósitos que me atreva a conquistar. Es como el viento que no veo pero siento, sé que está y que me llevará, en mejor dirección, a un mejor lugar con momentos inolvidables donde aprenderé, creceré y me renovaré.

El viento sopla por donde quiere, y lo oyes silbar, aunque ignoras de dónde viene y a dónde va. Lo mismo pasa con todo el que nace del Espíritu.

Juan 3:8

Aumentar mi medida de fe

Nadie tenga un concepto de sí más alto que el que debe tener, sino más bien piensen de sí mismo con moderación, según la medida de fe que Dios le haya dado.

Romanos 12:3

La fe es una herramienta muy poderosa. La Biblia dice que Dios nos dio una medida de fe, eso quiere decir que puede aumentar o disminuir en medida. Para aumentarla hay que practicarla. Imagino que disminuye cuando creo más en mis fuerzas y capacidades y olvido que existe un Creador que sabe infinitamente más que yo. Aumenta cuando sé que todo lo que tengo y hago es porque proviene del cielo, no soy yo, no son mis talentos ni mis virtudes ni mis habilidades las que pueden llegar lejos, yo no las diseñé ni las pedí, no las compré ni la inventé.

El creador de todo, absolutamente todo es Dios, incluida mi persona, y mi fe es la que me permite llegar más allá de lo que mi mente pueda crear; los milagros se creen de antemano. Cuando me puse a estudiar un poco sobre Jesús, me llamó la atención cómo en varias ocasiones, cuando sanaba, le decía a la persona: "Tu fe te ha sanado", y también que la fe del tamaño de una semilla de mostaza movía montañas. Si yo creo que mi fe me sana, ésa es la herramienta que me va a otorgar una larga vida, pues será mi fe puesta en que Dios ya me dio ese milagro.

En los últimos meses se me han presentado casos de personas con cáncer complicados. En esas ocasiones, mientras me van explicando las complicaciones del caso, me he visto preguntarle en silencio a Dios: ¿qué hago?, ¿cómo los ayudo?, ¿por qué me buscan a mí? Yo tengo mucha información sobre alimentación, pero no todas las personas o instituciones buscan sólo respuestas de nutrición anticáncer; tienen diferentes necesidades, sobre cosas de las que no soy experta. Nunca digo que no, siempre voy a escucharlos y tengo la fe en que Dios trajo a esas personas por alguna razón, ya sea para su beneficio, el mío o de ambas partes, y que debo de dar un salto de fe, por ello me preparo orando mucho, pidiendo que me dé claridad en el momento, que me dé ideas y herramientas que les puedan servir, que mueva su magia. Algo pasa cuando das el primer paso de fe; es como si Dios se sentara a tu lado y te fuera dictando las instrucciones, llega una claridad o se desarrolla una sensibilidad especial a las necesidades individuales, las palabras salen y me doy cuenta de que dije o sucedió algo que ellos buscaban. No puedo evitar salir asombrada y agradecida por lo que mágicamente sucede en esos pasos de fe. La única manera de explicarlo es en este versículo: "Bienaventurados los pobres de espíritu, porque de ellos es el reino de los cielos" (Mateo 5:3). Cuando he dejado que mi espíritu se vacíe, callo mis pensamientos y emociones para que opere el Espíritu Santo a través de mí. Es cuando veo y vivo experiencias que seguramente se parecen a las experiencias del cielo.

Reconstruyendo mi entorno

Este último capítulo abarca lo que me rodea que no es parte de mí, el entorno es el conjunto de factores sociales, morales, culturales, económicos y profesionales que está a mi alrededor, todo lo que actúa en mi estado y desarrollo. Nuestro entorno va cambiando en cada etapa de la vida y con cada circunstancia positiva y negativa se ven presionados esos factores. El ámbito más perjudicado por el cáncer y en el que me quiero enfocar es el social: todas las personas que influyen de alguna manera en mi situación o son afectadas por ella. Sobre las personas no tengo control para cambiarlas, moldearlas y adaptarlas; no parte de mi decisión sino del conjunto de decisiones, de qué tan dispuestas están para respetar o no mis elecciones y tiempos. La tarea no es sencilla porque mientras vamos aprendiendo a sobrellevar esta enfermedad, vamos enseñando a las personas que nos quieren de qué manera las necesitamos, qué tanto o qué tan poco, cuándo sí y cuándo no. Se vuelve complicado porque muchas veces lastimas a tus seres queridos porque ni siquiera sabes bien qué es lo que necesitas de ellos; es difícil saber comunicar de manera correcta todo lo que piensas y sientes cuando tú apenas te estás entendiendo. No es culpa tuya ni de ellos, simplemente lleva tiempo para cada persona adaptarse a todos los cambios que se dan a partir de una enfermedad de este tipo, porque todos están en la lucha por tu vida.

Mi deseo es que, al leer este capítulo, ya sea porque padeces cáncer o tienes a alguien cercano que lo padece, encuentres herramientas que te ayuden a ponerte en los zapatos de la otra persona y a tratar de entender cómo vive su dolor y qué tan fuerte es para esa persona. De esta manera el camino se vuelve menos complicado para todos. El respeto y el no juzgar son fundamentales en situaciones como ésta.

Frente a un pensamiento negativo sobre mi entorno o hacia alguna persona me ha ayudado tomarme el tiempo para calmarme y tomar mejores decisiones que si lo hago por impulso. En ese momento busco:

- Detenerme, reconocerlo, respirar y observar cómo me hace sentir.
- Decidir si voy a permitir que la emoción se apodere de mí.
- Saber si estoy segura de que mi pensamiento es real o es sólo mi percepción.
- Escoger un pensamiento que no me genere miedo, ansiedad ni enojo.
- Enfocarme en mi meta final sobre esa situación.
- Tomar acciones positivas paso a paso.
- Continuar con este proceso y confiar en mí.

Dolor compartido

19 de noviembre de 2012

31/33 radios, 41/42 quimios. Este lunes último de tratamiento se lo quiero regalar a mi familia, a mi esposito, mis hijos, mis papás, mis hermanos, mis suegros, mis cuñados y súper concuñas. Así que si tenían la intención de mandarme un mensaje, palabra, pensamiento, oración, luz, fuerza, apoyo o llamada, regálensela a ellos para que vivan un pedacito de lo mucho que me han dado. Y ésta es mi razón: en un tiempo de enfermedad o de dolor, no sólo quien lo padece es el que lo sufre, el dolor es compartido, afecta en muchas áreas a las personas que lo rodean. Cambia el ritmo de vida, se moldean emociones y relaciones, existe una nueva meta en común y se modifica el camino que comparten junto con las responsabilidades de la vida diaria y las altas y bajas que la experiencia trae. Muchos pensarán que sólo debo preocuparme y enfocarme en mí, pero no puedo ni quiero, porque para mí es necesario conseguir su tranquilidad, y al hacerlo a la vez me tranquilizo y en su estabilidad me apoyo. Me es indispensable su esperanza porque mi fe se hace más grande y la confianza permanece. Pero también porque con su necesidad de mí me supero. He aprendido a ponerme en sus zapatos, tomando en cuenta y conociendo sus personalidades; eso me permite ver la vida a su manera y milagrosamente los entiendo. Es una luz que me ha regalado el disfrutarlos cada uno a su manera, y en sus grandes cualidades encuentro el perfecto equilibrio o el punto medio con el que en esta situación me sostengo. Es su esposa, es su hija, su hermana, su mamá, su nuera, su cuñada y su concuña que afecta directamente sus vidas y les causa este dolor. Así que mi dolor y su dolor es igual en comparación.

Para mí fue importante entender que no era sólo yo la que sufría, sino todas las personas que me quieren, todas sienten dolor sólo que en distintos lugares. Escuché a las personas que más me aman decir que darían lo que fuera por ocupar mi lugar para que yo no sufriera, y aunque respeté sus palabras, al mismo tiempo pensaba que no sabían lo que decían. Después comprendí que para ellos era muy fuerte pensar en perderme, esa pérdida traería cambios drásticos en sus vidas, mientras que para mí era muy doloroso sentir que se me escapaban los segundos, pensar en perderme todas las etapas que me faltaban vivir, no ver crecer a mis hijos, no festejar cada uno de sus logros y no acompañarlos en sus fracasos. Ninguna postura es más fácil que la otra, simplemente son diferentes y ambas, dolorosas. Nunca me he encontrado del otro lado, pero con el tiempo he podido entender de algún modo lo difícil que es para ellos también. Es importante darte tiempo para identificar el significado que le da al hecho la persona que te acompaña en la enfermedad o a quien estás acompañando. Hay mejores días y momentos que otros, lo esencial es no perder de vista esto cuando alguien está viviendo un momento oscuro para apoyarlo de la mejor manera cuando lo necesite. En ocasiones, las palabras sobran, pero nunca van a estar de más un abrazo o un te quiero.

Hijitos míos, no amemos de palabra ni de lengua, sino de hecho y en verdad.

1 Juan 3:18 RVC

La familia entera se ve afectada de una u otra manera, las rutinas y el ritmo de todos se adapta a las recomendaciones médicas y al ánimo y malestar del enfermo. En mi caso, cuando decidí atenderme en una clínica en Estados Unidos, fue necesario pedir ayuda al mayor número de personas posible, en primer lugar porque tenía que ir al hospital de lunes a viernes para las radiaciones, cuidar de mi alimentación y de mi descanso, pues conforme fueron avanzando los tratamientos tenía la necesidad de hacer siestas más largas durante el día y, en segundo lugar, porque era mamá de tres niños pequeños que requerían atención que no les podía dar por la fatiga y malestar. Mi familia y amigos me ayudaron a cubrir tanto mis necesidades como las de mis hijos; incluso cuando pedí distracción para mi esposo –que me acompañó en todo momento– había quien se ofrecía sin pensarlo. Agradecí enormemente la disposición que tuvieron todos para acomodar sus agendas y ayudar en lo que pudieran, nunca faltaron manos ni sobraron, porque también hubo momentos en que respetaron nuestros espacios.

Apatía, sentimiento inevitable

Antes de tratar este punto, puede ser que te identifiques porque te encuentras en esta etapa o recuerdes cuando estabas en ella. O tal vez no lo entiendas ni lo compartas, y está bien, sólo pretendo explicar cuando algunas personas nos hemos encontrado en un momento de mala actitud, enojo y sin comprendernos. Esto puede ayudar a reconocerlo y aprender a lidiar con él de alguna forma o ser paciente cuando otro se encuentra en plena apatía.

En una situación como el cáncer, hay veces que quisiéramos borrar eventos sociales, personas o actitudes en ellas con las que generalmente no estamos de acuerdo, porque en esos momentos tienes poca tolerancia para aguantar, la cabeza está enfocada en otras preocupaciones para pensar en lidiar con las preocupaciones ajenas. Creo que es comprensible. Hay veces que no tienes ganas de escuchar otras opiniones ni recomendaciones, pues tus propios pensamientos te abruman y es demasiado para una persona. Algunos necesitamos, o creemos, estar mejor a solas, mientras otros necesitan siempre estar en compañía, o simplemente tienes necesidad de ratos en soledad y ratos en compañía.

He podido observar tanto en mi caso como en el de otras personas que han experimentado situaciones de salud o pérdida de un ser querido, un sentimiento de apatía después del trago amargo. No puedo explicar el porqué, pero es un patrón: después de que pasa un evento, es común no tener ganas de salir, acudir a fiestas y si vas, las conversaciones pueden llegar a desesperarte y tienes la sensación de ya no pertenecer. Las frases como: "Da gracias a Dios por estar viva", "Échale ganas", no las recibes tan bien en ciertas ocasiones, y aunque asientes y sonríes e incluso agradeces, generalmente caen mal porque tu pensamiento se dirige instantáneamente a: "No entienden". Ni tú misma te reconoces. Es enojo, porque no pediste vivir esto y no lo querías por ningún motivo. En la tormenta mucha gente te acompaña, pero una vez que pasa, regresan a sus rutinas diarias, mientras la tuya dejó de ser cotidiana. Te encuentras en el círculo de las pocas personas que entienden lo delgada que es la línea de tener vida y te encantaría no estar consciente y seguir en la inocencia que vive la mayoría de las personas. Muchas veces juzgué a la gente por vivir su vida sobre la superficie, dándole importancia a cosas que para mí ya la habían perdido. En varias ocasiones, cuando he tratado de explicar esto, prefiero hacer referencia al mar; hace poco me preguntaron si alguna vez tuve la sensación de ya no pertenecer e inmediatamente contesté que sí, la vida era igual antes y después, pero yo no era igual. Anteriormente vivía como muchos lo hacen, sobre la superficie, pasando cada día con una rutina básica: despertar, comer, hacer ejercicio, trabajar, atender niños, acudir a eventos sociales y dormir; en cada etapa: estudiante, soltera, casada, profesionista o mamá; sólo avanzando para cumplir metas y logros que va marcando la sociedad. En el proceso y en cada etapa fueron contadas las veces que me detuve a cuestionar o reflexionar, sólo avanzaba en un rumbo que para el común de la gente se considera "adecuado". En un segundo fui sumergida a profundidad, dentro del agua donde no tenía las habilidades para sobrevivir, pero aun así mi instinto de supervivencia me llevó a adaptarme hasta que adopté las habilidades necesarias para poder respirar en este nuevo ambiente y observar las cosas desde un lugar diferente, más difícil de asimilar, pero sin duda con mayor profundidad. Una parte de mí miraba la superficie y a todos los que se movían sobre ella y los envidiaba, quería regresar al mundo "color de rosa"; otra parte de mí sentía que era mejor vivir sumergida con el entendimiento claro y consciente de que la vida es frágil y mucho más valiosa cuando la vives desde ese nuevo lugar. Me habían sacado del patrón común de las mujeres que se encuentran en los treinta años con hijos pequeños; me gustó con el tiempo, pero en ocasiones me daba nostalgia sentirme ajena. Tuve una larga etapa de sentirme lejos y de incluso juzgar la superficialidad de otros, creí que nunca encontraría un punto intermedio para poder llegar en parte o en ocasiones a la superficie, sin dejar lo profundo. Con el tiempo llegó mi punto intermedio y agradecí el día en que pude disfrutar este equilibrio porque aún vivo en el mundo con sus momentos rosas y superficiales, pero con la delicia de experimentar todo con mayor intensidad y simplicidad. Todos los que hemos sido sacudidos nos vemos forzados y en la necesidad de encontrar una buena actitud para acudir a los eventos familiares y sociales (sobre todo con las grandes familias mexicanas), por ello es importante esforzarte cuando encuentras las ganas para dedicarle tiempo a los amigos y a todas las personas que te conocen y que tienen la necesidad de hacer algo por ti; sería egoísta no permitirles hacerse presentes de alguna manera, además sería mentira decir que tú mismo no los necesitas para levantarte el ánimo.

En mucho se trata de adaptarse, aceptar y respetar. Las siguientes herramientas me han ayudado en el camino para reconstruir mi entorno y salir de la apatía:

1. Observar a todos y a todo con GRATITUD.
2. Buscar lo mejor de las personas.
3. Complementar mis debilidades con sus fortalezas.
4. Utilizar mis fortalezas para el bien de otros.
5. Mantenerme en buenos términos y comunicarme regularmente con las personas que me importan.
6. Reconectar con relaciones que necesitan sanar.
7. Regresar a las amistades que en el recorrido fui abandonando.
8. Vivir feliz enfocándome en lo nuevo y bueno.
9. Recordar que las relaciones no son 50%-50%, son 100%-100%.

15 de octubre de 2012

Dicen que en momentos difíciles te das cuenta de quiénes real-
mente son tus amigos, pues yo digo: gracias a los amigos del
presente y a los del pasado, a los de toda la vida y a los momen-
táneos, a los amigos de mis papás y de mis suegros, de mis her-
manos, cuñados y concuñas, a los amigos de mis primos y tíos, a
los del trabajo, incluyo a las mamás de los amigos de mis hijos,
BENDITOS sean TODOS los amigos pues nos han acompañado en
estos momentos (6/33).

Mi equipo de vida

En mi aprendizaje ha sido importante aprender de los demás, reconocer las fortalezas que no tengo que podría empezar a cultivar
y aplicar en mi vida. Por eso Dios nos hizo diferentes, porque en el
conjunto de todos se encuentra su imagen y semejanza, su perfección. Ésa es nuestra oportunidad de poder ser mejores cada día sin
importar el número de días que te regale de vida, aunque sean muchos el total de tus días, siempre se puede ser mejor persona. En esta
tarea que seguramente nos tome toda una vida, el complemento de
unos con otros hace que se nos dificulte en menor medida y que el
aprendizaje nos tome menos tiempo. La humildad de apreciar las
fortalezas de otros para complementar mis debilidades me ha ayudado a cumplir mis objetivos y hasta sorprenderme del resultado,
que llegó a ser mayor de lo que esperaba. Seguramente en capítulos anteriores lo he comentado, en la enfermedad vi mis fortalezas
acentuarse al igual que mis debilidades, y como fue tan evidente

para mí, me permití recargarme en otras personas cuando lo necesitaba, solté un poco el cuerpo para encontrar dónde sostenerme
cuando mi cuerpo, mi cabeza y mi corazón ya no podían más.

Así como yo no escogí ser como soy ni dónde nací, la mayoría de
las personas que son importantes en mi vida fueron seleccionadas
por alguien más, todas ellas forman el equipo de vida al que pertenezco y sobre el que me apoyo para lograr mis metas y, al mismo
tiempo, impulsar las suyas. Me tomé el tiempo para definir quién
me acompañaría y muchas veces me sostendría en las diferentes
áreas de mi vida, de manera natural se fueron dando las cosas. Al
percatarme de mi sistema de apoyo, me dejé recargarme en ellos un
poco más. Pablo fue quien me acompañó durante todo el proceso:
citas, tratamientos, toma de decisiones, buenos y malos diagnósticos, su dolor era tan fuerte como el mío; en principio, él sería la persona más afectada si el resultado resultaba negativo por el hecho de
perder a su pareja y a la madre de sus hijos, pero la principal causa
es porque todo lo he compartido con él. Mis primeros veinticuatro
años fue mi hermana y los últimos quince años él. Para mí la parte más linda de mi matrimonio es compartir y planear en conjunto con la persona que decidí pasar el resto de mi vida. Me encanta
avanzar en compañía de Pablo, sin duda, la pieza más importante e
indispensable en el tablero; sin él me es imposible visualizar cómo
hubiera recorrido el camino, mi compañero ideal en la adversidad.
Más adelante integraré una carta que le escribí para agradecerle la
fortaleza que me dio en el recorrido. Mis tres pequeñines son mi
motor, con ellos la vida tiene que continuar, me ayudan a apreciar y
asombrarme con mayor intensidad; por mi hermosa familia es por
quien pienso no dejarme vencer. Mis papás a quienes debo la vida, a

quienes agradezco las enseñanzas y oportunidades que me ofrecieron con tanto cariño; ellos tomaron roles muy diferentes de acuerdo con su personalidad: mi papá, al ser muy práctico, me impulsó a tomar decisiones para ocuparme y concentrarme en el resultado que buscaba, mientras mi mamá me enseñó a confiar a pesar de los malos diagnósticos, entre los dos me ayudaron a encontrar mi punto de equilibrio entre la realidad y la esperanza. En mi hermana Ivette me apoyé mayormente para la tarea de ser madre, cubriendo las necesidades básicas de mis niños y las mías, ella siempre ha tenido un papel especial en mi vida; somos muy diferentes, pero en verdad los conflictos entre nosotras pasan volando y sin consecuencias. Si eres mujer y tienes una hermana, te deseo que sea igual que la mía, ésta es la mejor forma en que puedo explicar nuestra relación y mi necesidad de ella. Mis hermanos Luis y Ro a su manera siempre están ahí preocupados, pero impulsadores, sus detalles me hacen el corazón de pollo, no puedo evitar adorarlos, me basta con su presencia para recordarme lo afortunada que soy. Mis hermanos, los tres, siempre me han dejado una satisfacción especial, no sé cómo describirla; cuando pienso en nuestra dinámica, sólo recuerdo risas, buenas historias, amor incondicional, aceptación y sé que mientras ellos vivan, nunca estaré sola, cuento con ellos siempre que lo necesito. Mis amigas, el par de hermanas que tengo por selección, fueron las primeras personas con las que me abrí de par en par, mis terapeutas, confidentes y mi mejor distracción, les permito que me corrijan, me muestren otra manera de observar algún tema atorado, con ellas puedo hablar a profundidad sobre cualquier tema, con ellas aprendí a ser yo fuera de mi círculo familiar, sin barreras, e identificarme por primera vez, son el principio de las buenas amistades que llegaron en las siguientes etapas. Tengo muchas amigas, pero soy de pocas amistades fuertes. Otro par de amigas indispensable en mi proceso de salud, se integraron a mi vida cuando era novia de Pablo. Con una he compartido la vida familiar, los embarazos, el crecimiento de mis hijos, los esposos, y nuestros hijos son como mueganitos, y el cariño que se ha desarrollado entre nosotras ocupa un lugar muy especial en mi corazón; mi dinámica familiar la comparto mucho con ella, mientras que con la otra comparto la enfermedad; diferentes condiciones, pero fuertes ambos casos. Cuando necesito sentir que no estoy loca, que mi proceso y malas rachas son normales, que no soy la única que se ha sentido en la cuerda floja, inmediatamente acudo con la segunda y ella conmigo. Mis adorados suegros, cuñados y cuñadas que fueron los primeros promotores en mi camino de salud, siempre con la última información para ponerla a mi alcance, con sus incansables palabras de admiración y cariño a mi persona y mis hijos. En las imágenes más lindas que tengo de los momentos más aterradores de mi historia de cáncer aparecen ellos; la familia de Pablo y la mía. Éste es de manera sucinta mi equipo de vida cercano, son las personas clave en mi camino de salud. Lo increíble es que se suman muchas personas a estos pilares: los tíos y primos de mi lado y del de Pablo, que nunca dejaron de tener grandes y pequeños detalles para hacerme saber que estaban al pendiente, puedo nombrar a cada uno porque llenaron el hueco que me dejó la enfermedad; también las amistades que regresaron para acompañarme en el proceso. Me ha encantado reencontrarme con mujeres a las que siempre les guardé cariño, que se fueron por un tiempo, pero que cuando regresaron sentí encajar con ellas sin obstáculo alguno; los desayunos, cafecitos, comiditas y viajecitos con todas estas mujeres del pasado y del presente son como la taurina en mi sangre. Y las amistades que forman parte de mi vida a través de Pablo las valoro inmensamente por la compañía que le han dado a él y el cariño tan especial que extienden hasta mí. Para mí cada una de estas personas son vitamina, no importa la frecuencia con que las veo, ni la cercanía que exista; son todas indispensables para motivarme a siempre esforzarme más. Reconocer la importancia que tiene cada persona para encontrar y mantenerme con salud ha sido la cereza de mi pastel.

22 de noviembre de 2012
Hoy será mi primera celebración de Thanksgiving, esta tradición pretendo repetirla cada año porque hay que reconocer que, aunque los norteamericanos no tienen una historia tan rica como la nuestra, sí tienen esta gran celebración. La ventaja es que, como buenos mexicanos, nosotros somos mejores para hacer el montón; nada como nuestras hermosas y grandes familias que vamos de un lado al otro como un batallón. Seguro se pueden imaginar cuando les cuento cómo teníamos a nuestras lindas familias por todo el hospital de un lado al otro, sin mucha organización, de madrugada en el preoperatorio rodeando la camilla tapados por una cortinita para no molestar a los demás pacientes, en la sala de espera inquietos por recibir noticias y la cara del doctor cuando salió a explicar cómo todo había salido bien, y fueron apareciendo poco a poco interrumpiéndolo para escuchar la narración. Ja, ja, ja, ja, ja. Esa parte me encanta imaginarla por cómo me cuentan que fue la expresión de sorpresa del doctor con tanta gente alrededor; que por la tarde invadían la sala de

terapia intensiva, el pasillo y el cuartito, entrando y saliendo de la habitación para que no estuviera ni un segundo sola, con iPhones, iPads y computadoras, pero presentes por si Yoi necesitaba cualquier cosita. TODOS brincaban, ja, ja, ja, y por supuesto la celebración de una salida triunfal. Como mueganitos, consuegros, hermanos y cuñados todos juntos en montón. Pues éste será de por vida un momento más de juntarnos en familia, pero con la inmensa bendición de agradecer lo que Dios nos ha regalado y agradecerle a cada una de las personas en nuestra familia por los momentos compartidos y bien vividos. Prometo continuar con esta tradición. Y este primer año que tengo la fortuna de vivirlo con mi esposo, mi cuñado y nuestros amigos, daremos gracias a Dios, a nuestra linda familia y amigos y a TODOS ustedes que nos acompañaron en esta nueva vida. Los ojos se me cristalizan cada vez que pienso en todo lo que tengo que agradecer, así que tengan por seguro que será un largo brindis, lleno de lágrimas felices. GRACIAS, GRACIAS, GRACIAS.

Apoyo en cada área

12 de marzo de 2013

Siempre platico sobre las nuevas oportunidades que se me han presentado desde el día que descubrimos el tumor en mi cabeza. Generalmente son descubrimientos para empezar nuevos caminos y mejores formas de vivir la vida en el futuro. Pero al recordar todo lo que hemos vivido los últimos meses pude ver que he tenido la oportunidad de regresar en el tiempo y conectarme con las personas que forman parte de mi pasado, y de muchas etapas, desde la primaria, secundaria, preparatoria, universidad y hasta de mi primer trabajo. Con algunos ha sido por este medio, ya sea con mensajes o likes que, por cierto, reviso continuamente y me encuentro con fieles seguidores que de esta manera se hacen muy presentes; con otros ha progresado a correos electrónicos, poniéndonos al tanto de nuestras vidas, compartiendo vivencias de todo tipo, y por supuesto los deliciosos desayunos, cafecitos y cenas que me han dedicado y nos permiten reencontrarnos en persona y a todo color con el suficiente tiempo para hablar de lo que nos ha pasado en tantos años (bueno, no tantos). Lo que más me ha impresionado es que cada vez me siento como si el tiempo no hubiera afectado, disfruto una vez más de su plática y su compañía, me identifico nuevamente en estas etapas de ser esposas y mamás, con nuestros rollos de ser mujeres que tratamos de abarcar todas las áreas de la vida al mismo tiempo; ja, ja, ja, todas estamos igual de locas. Y no puedo evitar, cada vez que salgo de una de estas reuniones, traer sonrisa de oreja a oreja y recorrer de nuevo el momento recordando a detalle la plática y los gestos que me dan alegría al corazón. Ayer empecé mi tercer round de quimios que se me juntó con mi cambio de casa, pretexto perfecto para tener la mente concentrada en un nuevo cambio, seguro ni cosquillas me harán las mugrientas pastillitas o, como yo les llamo, "little fucking bastards".

Dar y recibir

8 de enero de 2013

Me tomé unas largas vacaciones, aprovechando que los doctores me permitieron empezar la quimioterapia hasta la segunda semana de enero; tuvimos un respiro del tema en todos los sentidos. Así que me permití no escribir, porque durante esas semanas esta buenísima terapia no me fue necesaria ya que la cambié por la de los abrazos y celebraciones. Las navidades para nosotros son de mucho festejo, pero ésta en especial la recordaremos porque estuvimos rodeados por una sensación continua de apoyo incondicional. Es una linda emoción la de llegar a un lugar y saber que las personas te esperan con emoción y que recibirás abrazos de oso y palabras de aliento; hasta los hijos de mis primos me tratan como si fuera la tía del momento. Pues este año decidimos pasar el Año Nuevo con la tradición que hemos disfrutado por muchos años con mi familia, pero con la diferencia de que en esta ocasión podríamos, por primera vez, vivirla con mis hijos, que ya tendrán la fuerza suficiente para bajar por la montaña con sus diminutos esquís. Sin esperar nada especial, sin expectativas y convencida de no presionarme para que las cosas salieran exactamente como me las había imaginado tantas veces, me dejé llevar por el momento, disfrutando cada una de sus caídas, con paciencia para regresarme continuamente a levantarlos y consciente de que nos tomaría una hora completa llegar a la primera silla. Me dejé llevar por su ritmo y por sus distintas formas de empezar un nuevo reto, pero permitiéndoles que lo hicieran a su manera y no a la mía. Con este sueño cumplido empezó mi 2013, que me enseñó tres cosas básicas: empezar cada reto gozándolo, consciente de la actitud con la que lo estás enfrentando y dando gracias por la oportunidad que se te está presentando. Y para este momento de deseos les deseo que este año tengan muchas oportunidades para gozar los momentos, vivirlos conscientes con una actitud positiva y terminando siempre por agradecer lo que la vida les regala. Pero sólo tengo una sola petición: que me sigan regalando de sus oraciones para que esta segunda etapa de tratamiento la pase como dirían nuestros amigos australianos: "With flying colors".

Estamos tejidos para dar y recibir amor. Nuestro cuerpo vive de cosas físicas, pero nuestra alma sobrevive de las personas que nos rodean, su cariño es nuestro principal alimento. En las asesorías individuales he escuchado muchas veces la frase "No quiero ser una carga", acompañada de lágrimas. Yo también la pensé muchas veces. Perder nuestras fuerzas y nuestra independencia hasta en las tareas básicas se vuelve muy fuerte, en ocasiones indignante. Como lo he dicho antes, la vida de todos los que te rodean se amolda en la etapa de tratamientos a ti o más bien a la tarea de acabar con el cáncer dentro de tu cuerpo. Es como un sentimiento de culpa porque te duele traerles sufrimiento a sus vidas y tareas pesadas, pues si tuvieras salud no las tendrían que hacer por ti. Mi recomendación ha sido observar a la enfermedad como algo que les pasó a todos: a ti te toca vivirlo en carne y hueso, pero a ellos les toca tener una esposa, mamá, hija o hermana con cáncer; están dentro del círculo, al igual que tú, les toca de alguna forma ser parte de la solución o del recorrido y no les podemos negar ser parte importante en el proceso de la enfermedad que afecta sus vidas. El resultado del esfuerzo en conjunto influirá en todos, ya sea al sanar el enfermo o el perderlo; las consecuencias se vivirán, lo queramos o no. El sufrimiento lo experimentarán en el difícil proceso o al concluir éste; eso no se los podemos evitar y, por lo mismo, no podemos abrumarnos con esa carga. Lo que sí podemos hacer es permitirles ser parte del proceso, lo mucho o lo poco que puedan, en la forma en que ellos puedan expresarnos su cariño: con compañía, soluciones y ayuda; todos necesitamos dar y recibir. Yo con el cáncer recibí mucho, pero también tuve que dar y reconocer la importancia de cada una de las personas que fueron afectadas en esta tormenta nuestra.

Incluso con los niños; aunque sean pequeños, los hijos son parte importante del proceso y a pesar de que pretendamos o tengamos la buena intención de que se percaten lo menos posible, su sensibilidad es imposible de obviar, simplemente sienten que algo anda mal. Tuve que aprender a no intentar evitarles el dolor, sino ayudarlos a enfrentarlo, de lo contrario sería quitarles la oportunidad que Dios les ha dado para fortalecerse. Evidentemente por su corta edad, la explicación que les di tuvo que ser sencilla, no les hablé de tumor cerebral, sino de una bolita en mi cabeza que tuvieron que quitar; no mencioné quimioterapias ni radiaciones, pero sí medicina para curarme; tampoco les hablé de muerte, sino de que estábamos buscando ayudarme. Conforme han ido creciendo he tenido que ser más cuidadosa con la elección de las palabras. Ahora Iñaki y Mikel tienen mayor entendimiento de la enfermedad, saben que tuve cáncer, que existen muchos casos de tumores cerebrales por los que la persona muere y entienden mi caso como un milagro. Hemos tenido muchas conversaciones acerca del tema; también hemos tenido que descifrar de qué manera les afectó aun cuando estaban tan pequeños. Después de que se me cayó el cabello y me volvió a crecer, me acomodó el look de llevarlo corto y lo he tenido así por mucho tiempo y recuerdo cuando Mikel me pidió que me volviera a dejar crecer el pelo y se le hicieron lágrimas en los ojos mientras me lo hacía. Cuando me senté para que me explicara el porqué, me dijo que todo había cambiado desde que se me cayó el pelo, que nos habíamos vuelto más regañones y que su hermano y él empezaron a pelear más. Mi niño hermoso me había expresado por primera vez cómo le había afectado esa época y juntos buscamos una solución. Y así cada uno fue marcado de diferente forma en su personalidad, modo de ver la vida y también miedos que hemos tenido que afrontar. Como mamá les he dado mucho a mis hijos, pero en estos procesos los niños pueden dar mucho si se les permite. Tanto mis hijos como mis sobrinos me asombran por cómo me hacen sentir especial y admirada, me lo dicen con palabras y abrazos y les dan importancia a mis revisiones médicas; traen con ellos una vitamina y una simpleza de observar las cosas que resultan ser fundamentales en el proceso.

Carta a Pablo

Escuché el video y lloré muchísimo igual que tú, ja, ja. Imagino que no quieres vivir el dolor que vive este hombre con la pérdida de su esposa, al igual que yo no quisiera perderme de cada momento que se ha perdido esa mujer de la vida de cada uno de sus hijos y que alguien más ocupe su lugar compartiendo la vida de su esposo; siempre me ha gustado compartir la vida contigo.

Hace tiempo Dios me enseñó una imagen de mí viejita y creo que es una promesa o por lo menos la posibilidad de tener muchos días por delante, y con versículos me ha confirmado alargar mis días. Entiendo que mi vida es una batalla que debo enfrentar día a día y la acepto, la enfermedad a la que me enfrento no es pasajera, es como una marca que me recuerda todos los días que debo luchar cada momento del día con cualquier arma que se me presente. Y así he decidido vivir, día a día, momento a momento, sin preocupaciones, sin estresarme, sin aferrarme, sin cuestionar, sólo caminar hacia delante, paso a paso, con el único propósito de permitirme ser moldeada, aprender a enojarme menos, dolerme menos, apreciar más y agradecer más. Así que me dejo caer en Dios, Él es y será el dueño de mis días y hará con ellos lo que se le antoje, yo me dejaré llevar y trataré de poner el pie donde me pida. Desde hace poco lo busco a todas horas del día y creo que poco a poco voy entendiendo y a veces casi estoy segura de lo que me dice, aunque no te puedo asegurar que me equivoque. Es difícil que mi mente deje de interferir. Ha sido difícil dejar que sane, no sólo mi cuerpo, sino mi corazón y mi alma, estoy aprendiendo y seguiré aprendiendo. Sé que quisieras que regrese a la persona que era antes, pero hay algo en mi alma que me dice que ya no puedo voltear hacia atrás y sólo puedo fijar mi atención en el presente, debo abandonar el futuro también porque tampoco me pertenece. Hoy tengo vida, puedo despertar y respirar, ver a los niños y disfrutar las rutinas diarias, las cosas sencillas y lo simple de mi vida; puedo dedicarme tiempo a mí, a ti, los niños y a cada una de las personas que quiero y es lo único que tiene sentido. No necesito tener mis días contados para aprovecharlos,

*si los puedo aprovechar por el resto de mi vida hasta que tenga
90 años.*

*Perdóname si en el proceso de conocer mi esencia he lastimado
la tuya, perdóname si me equivoco una y otra vez, siempre recibirás una disculpa y espero que con eso te sea suficiente porque
viene del corazón; quiero hacerte saber que todo lo que hago por
mejorar mi persona es para ofrecerles lo mejor que tengo para
dar, y deseo que el camino que he decidido tomar y Dios me he
obligado a llevar (ja, ja, no fue mucho la opción que me dejó) les
mejore cada uno de los días de sus vidas.*

*Veo con otros ojos, escucho de otra manera y siento de una
nueva forma y espero que muy pronto mi corazón y mi boca sean
reflejo de lo que veo, siento y escucho.*

*Mientras lees puedes imaginarme: lloré y lloré mientras escribí
y tú interrumpiéndome, ja, ja, ja, metiche... Así que ¿podemos
seguir recopilando mil y un momentos sencillos de sonrisas y momentos que guardar en el corazón por el resto de nuestras largas
vidas? ¿Podemos dejar el futuro en manos de Dios sin aferrar-
nos? Tenemos tanto, tanto, tanto, ¿por qué lo olvidamos? ¿Podemos regresar al amor tan grande que nos tenemos?*

Te extraño y extraño amarte con hechos, con todas mis ganas.

Relaciones tóxicas

"Somos la resonancia de las relaciones que tenemos con las personas que nos importan." Me encantó esta frase cuando la escuché:
soy el resultado de las relaciones que tengo, mi vida siempre será

impactada positiva o negativamente por cada una de las personas que de manera natural o seleccionada han tomado importancia en ella. En diferentes cursos y conferencias escuché al presentador hablar sobre cómo es indispensable quitar de tu vida a personas tóxicas para encontrar la felicidad o salud, y aunque estoy de acuerdo en los casos extremos de abuso físico y psicológico creo que en la actualidad las personas descartan con demasiada facilidad tanto a familiares como a amistades. Siento que voy a ser muy categórica, pero NO estoy de acuerdo. Si las emociones son culpables de un porcentaje alto de enfermedades, si mi ADN está ligado a otras personas, si una persona aportó mucho a una etapa de mi vida, su huella está en mi sangre, en mi mente o en mi corazón; no es tinta deleble, por más que yo pretenda tener una goma mágica que la borre no es posible, la ruptura de esa relación me va a afectar en todos los niveles de mi persona para mal. Estamos acostumbrados a tratar a las personas con la medida en que ellas nos tratan, o peor. Por alguna razón nos aferramos a la idea de que los conflictos se resuelven con conflicto; si tú gritas, yo grito más fuerte; si me ofendes, yo distingo un rasgo más fuerte y horroroso que resaltarte y escalamos las cosas a mayores dimensiones. Lo vemos una y otra vez y lo volvemos a repetir: nuestro enojo, coraje o tristeza toman el control de nuestras bocas. Si tienes suerte, te arrepientes y pides perdón, pero si eres obstinado, crees tener la razón absoluta. Me he encontrado en ambos lados.

Darme cuenta de que mi manera de entender las cosas puede estar completamente equivocada o contraria a la de otra persona me ha facilitado las cosas para ver todo de manera sencilla y más abierta y entender que cada quien tiene una percepción diferente ante una misma situación, mucho depende del contexto de la persona y sus experiencias. Por eso mismo, a veces las relaciones tienden a ser complicadas porque sólo vemos una versión de la vida, a través de nuestros ojos, pero no nos esforzamos por ver las cosas a través de otros ojos. No me cabe duda de que nuestros dolores se deben en su mayoría a que no encontramos soluciones para sanar una relación; son más las veces que entramos en conflicto con alguien que cuando nos enfrentamos a eventos trágicos de la vida; las enfermedades son en su mayoría expresiones de nuestros sentimientos reprimidos hacia otros. Yo diría que es mejor sanar una relación tóxica y regresarla a su estado original con cariño que eliminarla del mapa.

Algunas ocasiones no dependerá de nuestra disposición, sino de la disposición de los demás, pero por lo menos dar los primeros pasos de acercamiento con algunos esfuerzos extra nos puede traer la satisfacción de que lo intentamos y de que exista la posibilidad de haber sembrado una buena semilla que en algún futuro nos vuelva a acercar a esa persona. Me encantó leer el libro *Los cinco lenguajes del amor para los niños*, porque encontré una excelente herramienta para entender a los otros, observar a las personas con los ojos de un padre amoroso. Es el amor incondicional; si fuera uno de mis hijos mi forma de actuar sería más comprensiva y empática, a través de esos lentes es más fácil entender qué lenguaje es el que te permitirá acercarte a la persona con quien quieres tener una conversación, sanar la relación o arreglar un conflicto. En este libro se habla de cinco maneras de demostrar amor a tus hijos para mantener llena su cubeta emocional y criar niños emocionalmente maduros con una identidad fuerte: lenguaje de contacto físico, palabras de afirmación, tiempo de calidad, regalos y actos de servicio. Todos los necesitamos para sentirnos queridos y querer tener buenas relaciones con otras personas y de éstos hay uno o dos que conforman nuestro lenguaje de amor primario, esto quiere decir que cuando alguien me habla con ese lenguaje me siento amado por él. Cualesquiera de estas formas o todas en conjunto pueden ser una herramienta simple para sanar relaciones. Sería más fácil para todos si aprendiéramos a querer y dar cariño sin condiciones y dejáramos de juzgar a otras personas entendiendo cómo son y, al mismo tiempo, esforzarnos por aceptar de corazón características diferentes a las que personalmente "catalogo" como aceptables. Me ha simplificado en mis relaciones personales que dejen de afectarme las costumbres y decisiones de otros y quererlos sin reservas ni juicios; el hecho de que sean distintos a mis maneras no les da la razón a las personas ni a mí, simplemente son desiguales.

Comunicación abierta sería el hábito adecuado en el caso del entorno social, mientras más comunicación tengamos con quienes queremos, mayor será el entendimiento dentro de la relación. Es necesario exponer nuestro punto de vista y escuchar el otro para llegar a la reconciliación; en ocasiones toma más de un cafecito poder perdonar o ser perdonado y de ahí llegar a una solución en la que ambas partes concuerden. Expertos en el tema reconocen la importancia del perdón. Quizá en la mayoría de los casos de cáncer la herramienta más poderosa para la sanación es perdonarte a ti mismo por tus errores y a los demás por las palabras y actitudes que te lastimaron. En el recorrido, es el principio de la salud mental y emocional.

Panal de vida son las palabras amables: endulzan la vida y dan salud al cuerpo.

Proverbios 16:24

Y con toda la humildad que una personita como yo puede tener, escribo este libro, sin pretensiones, sólo con el deseo de que al leerlo hayas encontrado una o varias herramientas que aligeren tu recorrido. Me gustaría que quede claro que esta historia que me toca compartir no viene de mí, sino de la luz que hoy permito que me guíe. Y aunque agradezco enormemente las cualidades que hoy me distinguen, tengo la necesidad de recordarme que me son regaladas y que Dios me utiliza para que se vea su brillo, yo me permito ser su canal. Le pido a Dios que esto nunca se me olvide y mientras mi camino continúe, pueda seguir con esta misma sensación y esta misma necesidad. Termino ahora este primer libro, no sé si vengan más. Si puedes, hazme el favor decir en voz alta la siguiente oración, a fin de que se sume al conjunto de las voces audibles que la declaran, y sea sanada una persona que está sufriendo a causa de esta maldita enfermedad:

Señor, te pido que les regales palabras de esperanza, diagnósticos positivos y de ser contrarios, visiones donde ganan la batalla. Llena sus mentes de optimismo para que cada vez sean menos los pensamientos negativos y puedan ver la posibilidad de un camino por delante. Despiértalos con ganas de luchar, en donde cada amanecer sea una oportunidad para empezar a ver la vida con nuevos ojos, y que con estos nuevos ojos puedan ver pedacitos del cielo en todo lo que pasa a su alrededor. Disminuye su llanto, aumenta sus risas y cuando lloren permite que sientan tus brazos. Utiliza a cualquier persona en su camino para apapacharlos y que terminen exhaustos de tanto cariño. Cuida sus corazones y sánalos para que dejen atrás los malos recuerdos y los momentos no perdonados. Muéstrales que Tú fuiste quien los creó y que tus diseños son perfectos, que aprovechen esta época donde permitiste que se detuviera el tiempo para respirar, conocerse y descubrir qué es lo que realmente quieren de sus días. Siembra nuevas razones para vivir y que se topen con el propósito de su existencia. Pon en sus manos las armas que necesitan para enfrentar esta batalla para proteger y recuperar su cuerpo, alma y espíritu. Renuévalos y conviértelos en faro de luz para iluminar otros corazones que también necesitan brillar. Pero sobre todo, regálales abundancia de paz, fe, paciencia y confianza para que el cáncer sólo sea una oportunidad donde te permitan mostrarles cómo ves las cosas desde el cielo. Te lo pido en el nombre de Jesús. ¡Amén!

Referencias bibliográficas

BOURBEAU, LISE, *Obedece tu cuerpo,* Editorial Sirios, 1997.

CAMPBELL, T. COLIN y THOMAS M. CAMPBELL, *El estudio de China,* Editorial Sirio, 2006.

CARR, KRIS, *Crazy Sexy Diet: Eat your Veggies, Ignite Your Spark, and Live Like You Mean It,* Morris Book Publishing, 2011

CHAPMAN, GARY y ROSS CAMPBELL, *Los 5 lenguajes del amor de los niños,* Northfield Publishing, 2012.

KATZ, REBECCA, *The Cancer-fighting Kitchen,* Ten Speed Press, Crown Publishing Group, 2009.

LEAF, CAROLINE, *Switch on Your Brain,* Baker Books, Baker Publishing, 2013.

MURRAY, MICHAEL T., *How to Prevent and Treat Cancer with Natural Medicine,* The Berkley Publishing Group, 2002.

QUILLIN, PATRICK, *Beating Cancer with Nutrition*, Carlsbad, Nutrition Times, 2005.

ROSENTHAL, JOSHUA, *Integrative Nutrition. Feed Your Hunger for Health and Happiness,* Integrative Nutrition Publishing, 2007.

SERVAN-SCHREIBER, DAVID, *Anticancer: A New Way of Life,* Penguin Group, 2009.

TURNER, KELLY A., *Radical Remission. Surviving Cancer Against All Odds*, Harper One, 2015.

Biblia Reina Valera 1960.

Biblia Reina Valera Contemporánea.

La Santa Biblia, Nueva Versión Internacional.

Made in the USA
Las Vegas, NV
10 June 2021